1500万人の働き手が消える

2040年問題

労働力減少と財政破綻で日本は崩壊する

野口悠紀雄

Yukio Noguchi

ダイヤモンド社

はじめに　２０４０年問題とは何か

日本社会は、世界でも稀《まれ》に見る人口高齢化に直面しており、これが経済のさまざまな側面で深刻な問題を引き起こす。65歳以上人口の増加は２０４０年ごろまで続くので、これを「２０４０年問題」と呼ぶことにしよう。

その中でもとくに重要なのは、つぎの２つである。第1は、日本経済が労働力不足経済に突入することだ。これを反映して、経済政策の目的を大きく転換させる必要が生じる。これまでの日本では、「雇用の確保」が経済政策の重要な目的だった。しかし、今後は「人手の確保」のほうが重要な課題になる。また、これまで賃金上昇は望ましいことと考えられてきたが、労働供給の減少による賃金上昇は、コストプッシュ・インフレを引き起こすという意味で、望ましくないものと見なされる。こうした大きな変化が生じつつあることは、まだ十分に認識されていない。

第2は、社会保障給付の増加である。高齢者の増加によって、現在の制度が破綻する危険がある。破綻しないとしても、財政的に大きな負担となる。財政赤字の抑制を消費税率の引き上げだけで実現しようとすれば、税率を30%近くまで引き上げる必要がある。これは、社会保険料負担と相まって、過大な負担を労働年齢人口にかけるだろう。

医療・介護部門は、これまでの日本で唯一の成長産業であり、就業者が高い率で増加し続けた。高齢化によって医療・介護への需要が増大するため、今後もこの部門が最大の成長産業となるだろう。若年者人口の減少によって労働供給が減少することを考えると、医療・介護部門の就業者が総就業者中に占める比率は、25%程度まで膨れ上がる可能性がある。これは、とても維持することができない異常な経済構造だ。

こうした事態に対処し、日本経済の劣化を食い止めるため、新しい産業を生み出す必要がある。短期的景気動向も重要だが、それに目を奪われて本当に重要な問題を見失ってはならない。

将来を見通したとき、つぎの2つのシナリオが考えられる。第1は日本経済劣化シナリオだ。日本経済は、1990年代をピークに、長期トレンドとして劣化している。その底流には冒頭で述べた人口高齢化があるが、新興国の工業化や新しい技術体系であるＩＴ（情報通信技術）に対応できなかったことも大きな原因だ。このトレンドが継続すれば、財政破綻、インフレ、際限のない円安、日本売りといった悪循環に落ち込むことが懸念される。

しかし、第2のシナリオとして、「改革・発展シナリオ」を考えることもできる。それを実現するには、財政、とくに社会保障制度の改革が不可欠だ。また、高齢化社会に対応した税制をつくり、地方分権を進めることも必要だ。

しかし、それだけで新しい産業が生まれるわけではない。新興国の工業化や新しい技術体系の進展を考えれば、日本の将来をリードすべき産業は、従来型の製造業ではない。安倍晋三内閣の成長戦略は、そうした視点がないという意味で、アナクロニズムと言わざるをえない。新しい産業構造の姿を探る必要があり、その際に、90年代以降に生じたアメリカ産業構造の変化は有用なモデルとなる。


ここ数年、安倍晋三内閣による経済政策「アベノミクス」に期待が寄せられた。しかし、それは短期的効果だけを狙ったものであり、円安投機を煽《あお》っただけだった。それによって大企業の利益が増大し、株価が上昇し、株式保有者に巨額の利益がもたらされた。しかし、円安によって消費者物価が上昇したため実質賃金は下落し、実質消費が減少した。つまり、デフレから脱却したために経済成長が抑制されたのである。これは「デフレ脱却」というアベノミクスの基本目標が誤りであることを示している。

アベノミクスの矛盾は、原油価格下落に対して追加金融緩和を行なったことに、明白な形で表れている。原油価格下落は、日本の家計にとっても企業にとっても、望ましいことだ。しかし、それによって消費者物価は引き下げられることとなるので、2％インフレ目標の達成は遠のく。そこで日本銀行は、一層の円安を狙って追加緩和を行なった。つまり、「デフレ脱却」という目標に自縄自縛になり、日本経済にとって望ましい変化を打ち消そうとしたのである。これほど本末転倒の経済政策は考えられない。

本書は2部に分かれている。第Ⅰ部では、アベノミクスの検証を行なう。ここで問題とするのは、短期的マクロ経済動向だ。第Ⅱ部においては、長期的問題を扱う。労働力不足経済、社会保障制度改革、財政制度改革などの問題について検討し、いかなる対策が必要かを示すこととしたい。そして、日本経済の新しい発展の方向づけを探る。

本書は、『週刊ダイヤモンド』に連載した「『超』整理日記」、および『ダイヤモンド・オンライン』に連載した「2040年『超高齢化日本』への提言」「アベノミクス最後の博打」を基としたものである。『週刊ダイヤモンド』の連載に当たっては、同誌編集部・河野拓郎氏、同部・

前田剛氏にお世話になった。『ダイヤモンド・オンライン』の連載に当たっては、ダイヤモンド社書籍編集局第二編集部編集長・小川敦行氏、同部・田口昌輝氏にお世話になった。また、本書の制作に当たっては、田口氏にお世話になった。御礼申し上げたい。

2015年2月

野口悠紀雄

1500万人の働き手が消える　2040年問題　目次

第2章 日米逆の金融政策の帰結

第3章 実体経済はなぜ落ち込む?

第Ⅱ部　労働力不足と社会保障の膨張

第4章　労働力不足経済に突入する

第5章　医療と介護の問題はどうすれば解決できるか

第6章　公的年金の問題はどうすれば解決できるか

第7章 財政の将来はきわめて深刻

第8章 どうすれば成長を実現できるか？

第Ⅰ部

デフレ脱却で経済落ち込む

第1章

円安で得した人と損した人

ここ数年の日本経済は、円安によって大きな影響を受けた。円安で利益を受けた部門と被害を受けた部門が、はっきりと分かれている。輸入物価の上昇によって消費者物価が上昇したため、家計の実質収入が減り、実質消費が減った。他方で、企業の利益は増大した。ただし、企業利益の動向は、産業別、規模別に大きな差がある。円の実質価値は、長期的にも低下していることに注意が必要だ。

1 円安で大企業は利益を得た

2014年秋からの円安の進展

円ドルレートは、2014年2月ごろから1ドル＝101～102円程度の範囲で安定的だったが、8月下旬から円安が進み、12月下旬には120円程度となった。これは、リーマンショック直後とほぼ同程度の水準だ。つまり、名目円ドルレートは、6年ぶりの円安になったことになる。

14年秋からの円安を引き起こした直接の原因は、日米の金融政策が逆方向に動いたことだ。為替レートとの相関が高いとされる2年国債について見ると、アメリカの利回りは、11年秋から13年5月までは、ほぼ0・2％台の水準だった。ところが、アメリカの金融緩和からの脱却（「テイパリング」）が言われ始めた13年5月下旬から上昇を始め、14年になってからは継続的に0・3％を超える水準になり、さらには0・4％を超える水準になった。そして、8月中旬に一時的に低下した後は継続的に上昇し、12月には0・7％程度にまで上昇した（15年1月には0・4％程度となっている）。

他方で、日本の2年国債利回りは13年3月には0・04％程度だった。ところが、異次元金融緩和の導入後0・13％台に急上昇し、14年5月には0・15％を超えた。しかし、そこがピークで、それ以降はほぼ傾向的に低下し、14年7月には0・06％台にまで低下した。その後上昇したが、12月末にはマイナス0・03％台まで低下した。15年1月ではマイナス0・02％程度だ。この結果、日米の金利差が拡大した。14年2月には0・2％程度であったものが、12月中旬には1％程度になった。

日経平均株価は、こうした為替レートの動きと連動している。すなわち、14年前半には1万5000円未満である場合が多かったのだが、8月から上昇が始まり、12月末では1万6000円を超えた。このように、株式市場は円安を歓迎しているわけだ。しかし、日本経済全体として、円安は喜ぶべきものだろうか？　以下では、そうではなく、さまざまな問題があることを指摘する。

トリクルダウンは生じない——円安の恩恵は大企業と株主だけに

円安は輸出企業の円表示の売上高を増加させる。他方で、原材料費のうち国内で調達するものや賃金は、円安によって増えることはない。したがって、利益が増大する。

実際のデータで2013年度の企業の営業利益を12年度と比べると、図表1-1に示すように、21・5%の増加となった（法人企業統計、全産業、全規模）。したがって、企業部門全体としては、円安によって利益を受けたことになる。

ただし、産業別、企業規模別に見ると、大きな格差がある。まず全産業を見ると、資本金1億円以上の増益率が27・9%であるのに対して、1億円未満では7・1%でしかない。

製造業の場合は、規模による格差はさらに大きい。すなわち、資本金1億円以上の増益率が53・0%という高い値であるのに対して、1億円未満は5・9%でしかない。これは、後で見るように、円安が輸出数量を伸ばしていないため生産があまり増加していないからだ。

非製造業はどうか？　資本金1億円以上の企業の増益率は15・9%であって、製造業の場合よりかなり低い。これは、非製造業では輸出がないためだ。1億円未満は7・3%となっている。製造業ほどの格差はないが、大企業より低いのは事実だ。

より最近の時点の状況を見ると、全産業（除く金融保険業）全規模では、14年7~9月は12

図表1-1　営業利益の増加（2012年度と2013年度の比較）

	全産業		
資本金	全規模	1億円以上	1億円未満
2012年度（百万円）	40,024,122	27,737,609	12,286,513
2013年度（百万円）	48,645,231	35,488,069	13,157,162
増加率（%）	21.5	27.9	7.1

	製造業		非製造業	
資本金	1億円以上	1億円未満	1億円以上	1億円未満
2012年度（百万円）	9,005,292	2,235,202	18,732,317	10,051,311
2013年度（百万円）	13,781,468	2,367,385	21,706,601	10,789,777
増加率（%）	53.0	5.9	15.9	7.3

（資料）財務省「法人企業統計」

年7〜9月に比べて、2・7兆円の増（29・9％増）となっている（表には示していない）。とくに、製造業では、54・6％増（1・4兆円増）という、きわめて高い伸びだ。

ところが、規模別には大きな差がある。まず資本金1000万円以上から1億円未満の企業を見ると、14年7〜9月の営業利益は、円安が始まる12年後半とほぼ同程度の水準だ。製造業の場合にも、同期間で営業利益はほとんど増えていない。1000万円以上から1億円未満の食料品製造業は、赤字になっている。つまり、円安の好影響は見られず、むしろ円安によって利益が減少している産業もあるわけだ。

その半面で、製造業の1億円以上の企業の営業利益は、14年7〜9月は12年7〜9月に比べ1・39兆円の増加となっている。これは、66・

図表 1-2 製造業の大企業と小企業の違い（2012年7～9月と2014年7～9月の比較）

資本金 1 億円以上

	売上高（百万円）	売上原価（百万円）	営業利益（百万円）
2012 年 7 ～ 9 月	73,196,604	60,145,566	2,098,419
2014 年 7 ～ 9 月	75,556,732	60,872,563	3,485,730
増加額	2,360,128	726,997	1,387,311
増加率（%）	3.22	1.21	66.11

資本金 1000 万円以上から 1 億円未満

	売上高（百万円）	売上原価（百万円）	営業利益（百万円）
2012 年 7 ～ 9 月	23,569,380	18,690,237	482,519
2014 年 7 ～ 9 月	22,305,790	17,383,501	504,233
増加額	-1,263,590	-1,306,736	21,714
増加率（%）	-5.36	-6.99	4.50

（資料）財務省「法人企業統計」

1%というきわめて高い増加率だ（図表1-2の上の表参照）。つまり、製造業の営業利益のほとんどは、資本金1億円以上の大企業に帰属しているわけである。

「大企業の利益は大幅に増えるが、小企業の利益は停滞または減少する」という現象の背後にあるメカニズムは、つぎのようなものだ。製造業大企業の売上高は、73・2兆円から75・6兆円へと2・36兆円増えた。率では3・2%だ（図表1-2の上の表）。他方で売上原価は、60・1兆円と60・9兆円であり、ほとんど変化していない（率では1・21%）。このため、売上増加額の半分以上が営業利益の増加となったのである。重要なのは、原価がほとんど変化せずに売上が増加したことだ。

これに対して、資本金1000万円以上から

1億円未満では、売上高が5・4％減少している（図表1−2の下の表）。それにもかかわらず営業利益が増えているのは、売上原価を減少させているからだ。

ここで重要なのは、売上が増加していないことである。これは、小企業が円安の恩恵を受けていないことを示している。小企業だから、売上の中に輸出はほとんど含まれていないだろう。したがって、円安で自動的に売上が膨らむことはない。他方、輸出企業は現地通貨ベースでの輸出価格をほとんど低下させていないため、輸出数量が増えない。したがって、円安によって生産量が拡大することがないのだ。このため、下請けに対する発注が増えない。だから、小規模企業の売上が増えない。

しばしば、「トリクルダウン」ということが言われる。これは、「豊かなものがより豊かになれば、その恩恵で経済全体が豊かになる」という考えだ。しかし、そうしたことは現実には生じていないのである。

円安は、企業にとってコストアップ要因にもなる。電力のみならず、原材料の輸入価格が上昇するからだ。これは、とりわけ中小企業にとっては大きな負担だ（第4章で見るように、今後は賃金面からコストアップが生じる可能性が高い）。

業種や規模で大きく違う企業収益の動向

２０１２年と13年の比較で、業種別や規模別をもう少し詳しく見ると、図表1-3に示すように、きわめて大きな差異がある。なお、ここではあらゆる業種・規模を網羅的に示すのでなく、いくつかのケースを取り上げて示した。

まず注目されるのは、利益増加は資本金1億円以上の企業に多いことだ。とくに製造業に多い。非製造業では、建設業、不動産業の利益が増加している。資本金1億円未満で利益が顕著に増加しているのは、宿泊業、飲食サービス業だけである。これは、円安によって外国人観光客が増えたためだ。

他方、利益が減少しているのは、製造業、非製造業を問わず、資本金1億円未満の企業に多い。資本金1億円以上で利益が顕著に減少しているのは、食料品製造業だけである。これは、原材料費の値上がりによる。

同じ業種であっても、規模によって利益動向が正反対になる場合もある。例えば、生産用機械器具製造業、電気機械器具製造業、自動車・同附属品製造業の場合、資本金1億円以上では利益が大幅に増加しているが、資本金1億円未満では減少している。これは、円安にもかかわらずドル建て輸出価格が下がらないため、輸出数量が増えず、したがって下請けの仕事が増えていないからだ。陸運業の場合にも、資本金1億円以上では利益が増加しているが、資本金1億

図表1-3　規模と産業による営業利益動向の違い（2012年度と2013年度の比較）

（単位％）

A 利益が減少		B 利益が増加	
A-1　1億円未満（製造業）		B-1　1億円未満	
パルプ・紙・紙加工品製造業	-37.3	宿泊業、飲食サービス業（集約）	
石油製品・石炭製品製造業	-17.1	–63,553百万円から211,506百万円へ	
はん用機械器具製造業	-21.4	B-2　1億円以上（製造業）	
生産用機械器具製造業	-9.4	生産用機械器具製造業	60.7
電気機械器具製造業	-61.6	業務用機械器具製造業	34.5
自動車・同附属品製造業	-19.7	電気機械器具製造業	145.0
A-2　1億円未満（非製造業）		情報通信機械器具製造業	2544.4
情報通信業	-67.4	輸送用機械器具製造業（集約）	91.1
運輸業、郵便業（集約）	-24.5	自動車・同附属品製造業	103.9
陸運業	-46.7	B-3　1億円以上（非製造業）	
卸売業	-8.9	建設業	45.6
小売業	-2.3	運輸業、郵便業（集約）	10.8
生活関連サービス業、娯楽業（集約）	-11.8	陸運業	17.6
広告業	-37.5	不動産業	16.3
A-3　1億円以上			
食料品製造業	-1.6		

（資料）財務省「法人企業統計」

円未満では、減少している。これは、燃料費の増加の利益に与える影響が、大企業と小企業で異なるためだ。

日経平均株価は、大企業の業績を反映する。したがって、平均株価を見ているかぎり、右のような問題を認識しにくい。大企業の場合にも、利益の増加は、生産性の向上や、新技術・新商品の開発などを反映したものではない。単なる受動的な変化だ。そして、為替レートが変われば変わる「あなたまかせ」的なものだ。

ここで、売上高はさほど増えていないことに注意しよう。利益が大幅に伸びた1億円以上の製造業の場合でも、12年から13年にかけての売上高の増加率は、わずか3・3％にすぎない。利益率が低いために、円安によって売上だけ増加して費用が増大しないと、わずかの売上増でも利益は大きく変化するのである。売上高増加率がこのように低いため、雇用や賃金が改善していない。

2 円安で家計実質所得が減少

物価上昇で実質消費が減少している

第3章の1で見るように、2014年の経済活動水準は、13年に比べて落ち込んでいる。実質GDPの季節調整値伸び率（年率）は、安倍晋三内閣発足直後の13年1～3月期の5・1％がピークであり、それ以降は、（駆け込み需要のあった14年1～3月期を除くと）低下した。

その原因は、第1には、第3章で述べるように、一時的要因（公共事業の増加と消費税増税前の駆け込み需要）が剥落したことだ。もう一つの大きな原因は、実質民間最終消費支出の伸び率が低下していることである。ここでは、消費の動向について見よう。

実質GDP成長率は、円高期であった09年10～12月期から10年7～9月期のほうが高かった。これは、実質民間最終消費支出の伸び率が高かったからだ。GDP統計で見ると、家計最終消費支出は、14年1～3月期が2・1％増だったが、4～6月期はマイナス5・2％となった。額

図表 1-4　**実質消費の推移**（過去の消費税増税時との比較）

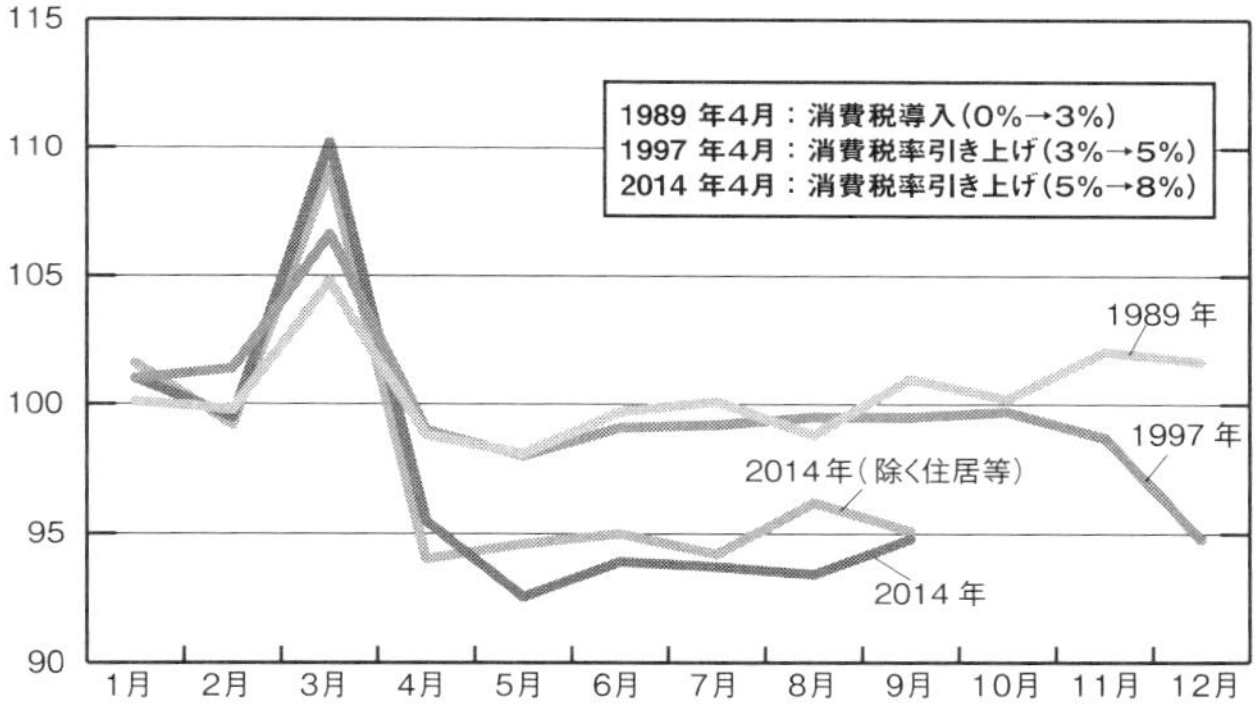

（注1）各年の前年平均 100 として指数化したもの。
（注2）「住居」のほか「自動車等購入」「贈与金」「仕送り金」を除いている。
（資料）総務省「家計調査」

で見ると、４〜６月期の２９７・６億円は、前年同期より２・７％も低く、11年７〜９月期ごろの水準とほぼ同じである。つまり、消費支出は、「駆け込み需要の反動」というだけではとても説明できないほどの大きな落ち込みを示しているのである。４〜６月期に、駆け込み需要の影響が少ないはずのサービスや食料の消費が減っていることも、それを示している。

　消費支出に駆け込みの反動以外の要因が働いていることは、過去の消費税増税時と今回を比べると、よく分かる。図表１−４は、家計調査での実質消費の推移を示したものである。１９８９年の消費税導入時には、ごく一時的な影響しかなく、11月には増加に転じた。また、97年の増税時にも、数カ月でほぼ元の水準に戻った。しかし、今回は、９月になっても水準が下

図表1-5　総合と食料の実質消費指数の推移

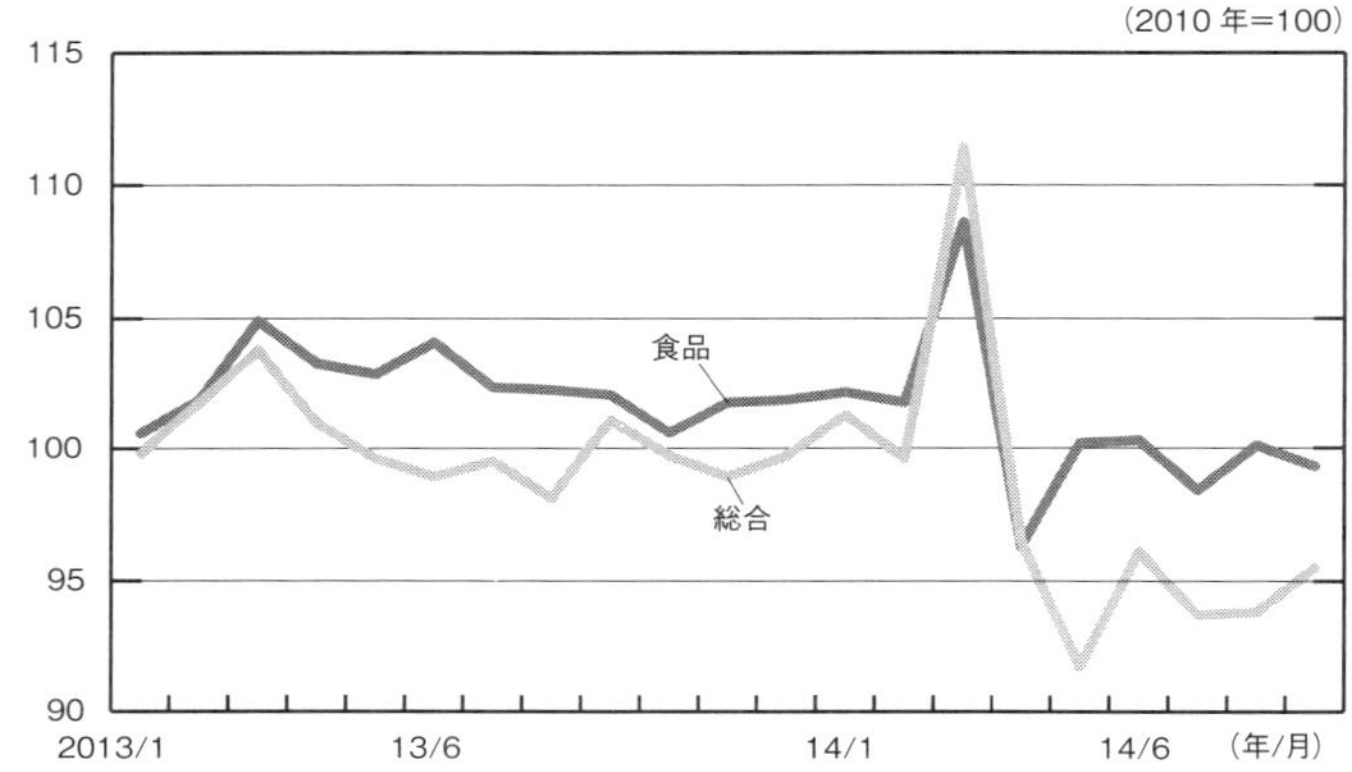

(資料)総務省「家計調査」、消費水準指数(世帯人員分布調整済)二人以上の世帯

がったままだ。これは、89、97年当時にはなかった要因が働いていることを示している。

この原因として考えられるのは、物価上昇による実質所得の減少だ。図表1－5は、総合と食料についての実質消費指数の推移である。いずれも3月に大きく増加して4月に減少、その後に回復という点では同じだが、総合指数の回復は遅れている。これは、総合には耐久消費財に対する駆け込み需要の影響が含まれているのに対して、食料には駆け込み需要がほとんどないからであろう。

しかし、食料についても、14年4～9月の平均値は99・1と、13年平均102・4より3・2％ほど低くなっているのである。食料は生存に必須のものが多いため、本来、実質値はあまり変わらないはずだ。それにもかかわらず実質

図表1-6　1世帯当たり1カ月間の収入と支出の対前年同月増減率

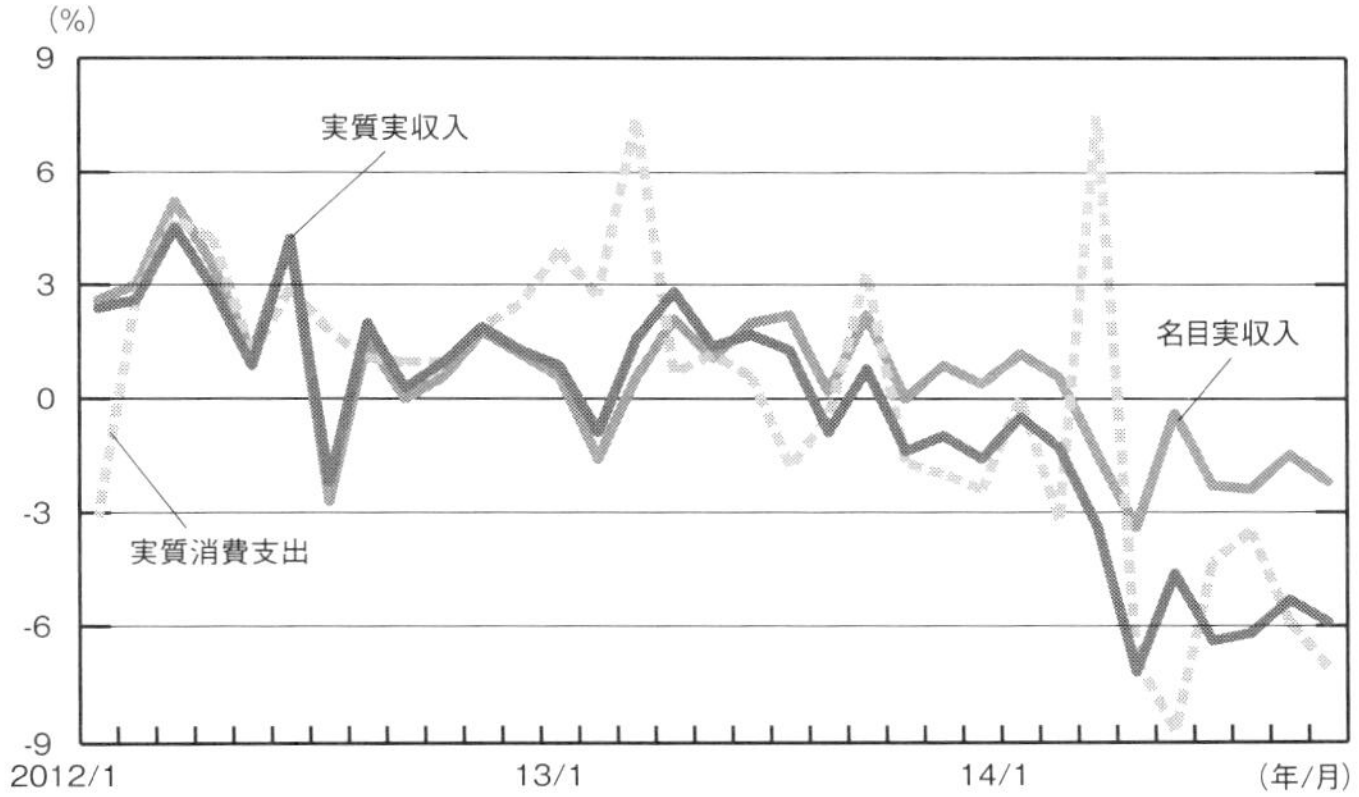

(資料)総務省「家計調査」、二人以上の世帯のうち勤労者世帯

値が落ちているのは、次項で見るように実質収入が減少した結果だと考えられる。

円安による実質賃金低下

図表1-6には、二人以上の勤労者世帯について、収入と支出の対前年同月比を示す。実質実収入の伸び率と実質消費支出の伸び率は、密接に相関している。すなわち、2013年4月ごろから実質実収入の伸び率が低下し、それに伴って実質消費支出の伸びも低下している（なお、14年4月以降は名目実収入の伸びもマイナスになり、実質実収入と実質消費の伸びの低下を加速させている）。

実質実収入の対前年比が継続的にマイナスになっているのは、13年10月からである。これは、消費税率引き上げ以前であることに注意が必要だ。14年4月に消費税率が引き上げられてからはマイナス幅が拡大しており、その絶対値は消費税引き上げ率（3％）より大きい。

つまり、実質実収入の減少は、消費税率引き上げだけによって生じている現象ではない。これは、円安によって消費者物価が上昇していることにもよるのだ。なお、第3章の3で見るように、GDP統計での実質雇用者報酬も、消費税増税前から減少過程に入っている。

消費者物価指数（生鮮食品を除く総合）の対前年同月比は、13年11月から1％を超えた。ガソリン代、電気料金などの値上がりが顕著なことを見ても、これがデマンドプルでなく、コストプッシュであることが分かる（詳しくは、第2章の3を参照）。

電気料金の上昇は、原子力発電から火力への移行の影響もあるが、大半は円安によるものだ。これは、消費者物価指数（全国）の「電気代」の推移を見ると分かる。すなわち、大震災前の11年1月を基準とすると、円安が始まる前の12年8月までの間に10・4％上昇した。これは、火力発電シフトにより燃料輸入が増加したことの効果だ。しかし、14年5月までの期間では、29・8％上昇している。12年8月以降、燃料輸入量が格別増加したわけではないので、この時点以降の電気料金の上昇は、円安による輸入額増加が電気料金に転嫁されたことの結果だ。

前項で見た食料などの基礎的消費の実質消費減は、このような実質実収入の減少によって引き起こされていると考えられる。この問題は、第3章の3で詳しく論じる。

「デフレ脱却」目標は誤り

以上で述べたことは、2つの重要な含意を持つ。第1は、「デフレ脱却」というアベノミクスの基本目標が誤りであることだ。政府と日本銀行は、インフレ率が高まれば経済活動が活性化するとして、インフレ目標を2%に引き上げた。しかし、実際には、右で見たように、インフレ率の上昇に伴って実質消費の伸び率がマイナスになっているのである。つまり、デフレ脱却によって、実質経済成長率が低下しているのだ。今後さらに円安が進んで物価がさらに上昇すれば、政府・日銀が掲げる「2%インフレ率」という目標には近づくだろうが、それは家計の実質所得をさらに減らして実質消費もさらに減らし、そして経済成長率をさらに押し下げるだろう。

「デフレ脱却」ということの実態は、こうしたことなのである。つまり、経済活動が活発化するのでなく、所得や消費が減少しているのだ。日本はスタグフレーションに突入しつつある（「スタグフレーション」とは、景気停滞とインフレーションが同時に進行すること）。政府・日銀は、「物価上昇率を高めれば経済が活性化する」との認識が誤りであったことを認め、インフレ目標を取り下げるべきである。

第2は、消費税率引き上げと円安の関係だ。現状で消費税率を引き上げるのが適切でないと判断するのは、それによって支出が減少することを懸念するからだ。しかし、右に述べたように、円安による物価上昇によっても支出が減少している。したがって、消費税増税による消費削減が望ましくないと考えるなら、円安による消費削減も望ましくないとすべきであり、円安を抑制すべきだ。

しかも、消費税率引き上げで増加した税収は財政支出となって国内に還元されるが、円安が引き起こす物価上昇による支出増は、海外に流出してしまう。その意味では、円安による影響のほうが問題だ。

3 株価値上がり益は雇用者報酬の2割もある

2年間で100兆円を超える値上がり益

株価の上昇によって、株式保有者の金融資産額は、この数年間で大きく増えた。その状況は、日本銀行の資金循環統計によって知ることができる。

それによると、家計の金融資産残高は、2012年9月期から14年9月期の2年間で約141兆円増加した。そのシェアは、流動性預金が20・0％、投資信託受益証券が21・1％、株式・出資金が41・6％（うち株式が24・2％）、保険・年金準備金が13・4％だ。

保険・年金準備金の増も、保有株式の価値上昇によると思われる。そこで、投資信託と株式・出資金、保険・年金準備金を合わせると、76・0％になる。つまり、金融資産増の大部分は、株価の上昇によってもたらされたことになる。額で言えば、107・3兆円だ。株式だけをとっても、34兆円だ。株式は、金融資産総額中の比重は5％程度でしかないが、増加額では約4分の1もの比重を占めたわけだ。

ところで、ロバート・ヘイグとヘンリー・サイモンズによれば、純資産の増加は担税力を増加させるので、所得と見なされる。これは、「包括的所得概念」と呼ばれ、所得税の公平負担を考える際の基本的な所得概念として、理論的に広く支持されている。この考えによれば、金融資産の価値の増加（キャピタルゲイン）は、未実現であっても「所得」と見なされる。資産を担保にして借り入れし、現金を得て支出できることを考えれば、現実的な経済力の上昇であることが納得できよう。

前記の株価による金融資産増は、新規貯蓄によるものもある。しかし、株式関係については、大部分が株価上昇に起因するものと考えられるので、所得と見なされる。

他方で、GDP統計によれば、雇用者報酬は、12年10～12月期から14年7～9月期までの2年間で497・8兆円だ。右に述べたキャピタルゲイン107・3兆円は、このほぼ5分の1だ。

このほかに、配当所得も増加している。他方で、雇用者報酬は、円安によって物価が上昇しているので、前述のように実質で見れば減少気味だ。したがって、所得分配上の大きな変化が生じていることになる。

株価上昇の利益は高額資産保有者に帰属

問題は、株価上昇による利益が、いかなる人々に帰属したかである。株式を保有しているのは高額資産保有者であり、利益は彼らに帰属したと考えられるが、それをデータで確かめられるだろうか?

実は、そのためのデータは不足している。全国消費実態調査には所得階層別金融資産のデータがあるが、高額資産保有者の詳しい実態は分からない(また、毎年作成されているわけではないので、最近時点での増加額も分からない)。

野村総合研究所が2014年11月に公表した調査は、この問題を考えるにあたって、貴重な資料となる。ここでは、純金融資産保有額別の世帯数と資産規模が、各種統計から推計されている。

結果を見ると、11年から13年の間の資産の増加状況が、資産保有額5000万円以上と未満とで画然と分かれていることが分かる。すなわち、世帯数では全体の92・1%を占める5000万円未満の資産増加率は6・5%でしかないのに対して、世帯数では全体の7・9%にすぎない5000万円以上では25・8%にもなっている。5億円超では、増加率65・9%だ。

これは、金融資産中の株式比率が異なるため、株価上昇の影響が異なることによると考えられる。つまり、5000万円未満では株式をあまり保有していないのに対して、5000万円以上では株式の保有が多いのであろう。そうだとすれば、株価上昇の恩恵を受けたのは、全体の8%未満の世帯が中心ということになる。

資産額5000万円以上の世帯の2年間の資産増総額は99兆円だ。5億円超の世帯では29兆円だ。29兆~99兆円という数字は、資金循環統計で見た数字（株式だけで34兆円、間接を含め107・3兆円）とほぼ見合っている。

もっとも、これとは整合的でないデータもある。金融広報中央委員会が実施した調査によると、所得階層別に見た資産増加はもっと広範囲に分布しており、また株式の保有も必ずしも高額所得者に偏っているわけではない（ただし、資産階級別にどうなっているかは示されていない）。また、金融資産が増加した理由として、株価の上昇よりは、所得増加による貯蓄増を挙げる回答が多い。これは、野村総合研究所の調査とは異なるイメージだ。株価上昇の利益を享受したのは一部の高額資産保有者だと考えられるのだが、より広い範囲の人々が利益を受けた可能性も否定できない。

求められる日本のヘンリー・ジョージ

前記のキャピタルゲインは、株式が売却されて売却益が実現されれば課税されるが、保有され続け未実現であるかぎりは、課税所得とは見なされない。しかし、包括的所得税の考えからすれば、雇用者報酬の5分の1にものぼる所得がまったく課税されないのは、大きな問題だ。

しかも、それは、不労所得である。社会に積極的な貢献をしたために生じた所得ではなく、「たなぼた」式にもたらされた所得だ。だから、課税しても経済活動が阻害されることはない。そして、高額資産保有者に偏って発生している可能性が高い。しかし、実際には、未実現キャピタルゲインが課税されないだけでなく、金融資産からの所得に対する課税は不十分だ。

先に述べたキャピタルゲイン107・3兆円に10％の税率で課税を行なえば、1回かぎりではあるが、約10兆円の税収が得られる。これは消費税率の4％引き上げとほぼ同じ額だ。法人税の減税だけが議論され、こうした課税が提案されないのは、まったくおかしい。法人税を減税しても実体経済は変わらず、内部留保が増えるだけだ。これは株価を上げ、所得配分をさらに歪めるだろう。

19世紀のアメリカの社会改革者ヘンリー・ジョージは、経済の発展に寄与しない土地保有者が、地価の値上がりで裕福になる様を見て、土地資産に課税すべきだと主張し、当時のアメリカ世論の広い支持を受けた。いまの日本の革新勢力は、「増税反対」というだけで、資産格差が拡大している現状に何も積極的な提言をしていない。

もちろん、未実現の値上がり益に課税するのは容易でない。第1に、税支払いのための現金がないという流動性の問題がある。第2に、資産保有状況の把握が不完全だ。金融資産所得は分離課税されているため、課税当局は金融資産の保有状況を完全には把握していないと考えられる。給与所得をはじめとする労働所得の把握はほぼ完全になされているのに対して、資産所得の把握は不十分だ。第3に、株高は円安によって生じたものであり、為替レートが変われば変わる。高い株価が永続する保証はないから、円高になって株価が下落すれば給付金を与えるのか、といった議論が生じる。

しかし、こうしたことを理由に「課税しなくてよい」ということにはならない。支払い現金の問題は、納税延期や貸付などの方法で回避できる。また、把握は、国民総背番号制の導入などによって実現すべき課題だ。これは、高額資産保有者の課税に不可欠の手段であるにもかかわらず、反対が多い。国民の大部分は、敵に塩を送っていることになる。

トリクルダウンは待っていても実現しない。民間企業の決定に介入して賃上げを求めるのでなく、税制を通じて分配の公平化を図るべきだ。

4　円安で貿易赤字拡大

所得収支黒字が継続する

「国際収支の推移」によると、経常収支（季節調整済）は、２０１３年11月から14年３月まで、13年12月を除くと赤字だったのだが、４月以降は黒字になり、10月には０・９兆円を超えていた。その傾向が11月と12月も続いた。この結果、14年の経常黒字は２・７兆円になった。この値は、比較できる１９８５年以降で最小だ。

過去を振り返ると、日本の経常収支は、11年までは、年間10兆円を超す黒字であった。なかでも、04年から07年までと10年は、20兆円近い黒字であった。12年以降それが急減した。その後も黒字額は減っている。

しかし、黒字自体は維持されているわけだ。「貿易サービス収支は赤字だが、所得収支の黒字がそれを補い、経常収支は黒字になる」という構造は、現在に至るまで維持されていることになる。経常収支が黒字であれば、対外純資産は増え続け、所得収支の黒字は増大し続ける。したがって、この構造は今後も継続するだろう。

なお、14年の所得収支黒字増加のほとんどは、対外資産の収益の円換算値が円安によって増加したためと考えられる。

14年には貿易赤字が拡大した

「貿易統計」（速報値）によると、2014年の輸出は73・1兆円で対前年比4・8％増、輸入は85・9兆円で5・7％増、貿易収支赤字は12・8兆円で、過去最大（前年比11・4％増）となった。

輸入増加の大きな原因は、火力発電用の燃料の液化天然ガス（LNG）の輸入が増えたことだ（7・8兆円、対前年比11・2％増、寄与度1・0％）。なお、後述のように、原油の輸入が減少している。輸出では、自動車の増加が顕著だった（対前年比4・9％増、寄与度0・7％）。

数量指数を見ると、輸出が90・7で対前年比0・6％増、輸入が106・0で0・6％増だった。輸出数量は4年ぶりの増加だが、円安が進んでいることを考えれば、はかばかしい伸びとは言えない。

なお、年間数量ベースで見ると、乗用車はマイナス2・3％、自動車の部品はマイナス3・2％となっている。また、映像記録・再生機器がマイナス31・1％と、大きく落ち込んでいる。半面で、ICの輸入数量は14・4％増と大きく増加した。

貿易収支の中期的変化に影響を与えた要因

日本の輸出入の状況を中期的に見ると、２００２年～07年ごろの10兆円程度の黒字から、13、14年の10兆円を超える赤字へと、20兆円程度悪化した。貿易収支に大きな影響を与える要因としては、つぎのものが考えられる。

（1）原子力原発から火力発電へのシフトによるＬＮＧの輸入増
（2）原油価格の変動による原油輸入額の変動
（3）生産拠点の海外移転による輸出の減少
（4）円安の効果

一般には、（1）と（3）が大きいと言われる。この立場に立つと、貿易赤字を縮小させるためには、原子力発電の再開が必要であり、また生産拠点の海外移転を食い止めるべきだとされる。

こうした考えは支持できるだろうか？　以下では、この問題を考えることとしよう。

円安の赤字拡大効果は大きい

まず、ここ数年の期間においては、円安の赤字拡大効果がきわめて大きい。それを以下に示しておこう。

貿易統計によれば、税関長公示レートの年平均値は、２０１２年が79・55円／ドルであり、13年が96・91円／ドルである。ここで仮に、13年の為替レートが12年のままであったとしよう。それ以外の要因は変わらないとすれば、13年の輸出は57・３兆円になっていたはずである（実際の値は69・８兆円）。また、輸入は66・７兆円になっていたはずである（実際の値は81・３兆円）。したがって、貿易収支赤字は９・４兆円にとどまっていたはずだ。そして、12年の赤字６・９兆円からの増加額は、２・５兆円だったはずだ。これは、実際の赤字増加額４・６兆円の54・３％に当たる。残り２・１兆円（４・６兆円の45・７％）は、円安によるものということになる。つまり、赤字増加の半分近くは、円安によるものなのである。

14年について同様の計算をすると、つぎのようになる。税関長公示レートの14年の平均値は、１０５・30円／ドル（対前年比８・７％の円安）である。仮に14年の為替レートが12年（79・55円／ドル）のままであったとすれば、14年の輸出は55・２兆円に、輸入は64・９兆円になっていたはずだ。したがって、貿易収支赤字は９・７兆円にとどまっていたはずだ。これは、現実の赤字の75・６％だ。したがって、残り24・５％は円安によるものということになる。

また、12年の赤字からの増加額は、２・８兆円に留まったはずだ。これは、実際の赤字増加額５・９兆円の46・９％に当たる。したがって、残り53・１％は円安によるものである。このように、ここ２年間の赤字増加額の半分以上は、円安によってもたらされたものだ。

先に述べたように、数量指数の変化は輸出についても輸入についてもごくわずかだ。したがって、貿易収支が赤字である以上、円安の進展によって輸入額のほうが輸出額より大きく増加し、そのため赤字額が増加するのである。

ところで、右に述べたことは、教科書に書いてあることと逆だ。教科書では、円安になれば輸出が増加し、輸入が減少し、貿易赤字が縮小するとされている。しかし、実際にはそうなっていない。その基本的な原因は、為替レートの変化にもかかわらず、輸出、輸入量が一定であることだ。

ＬＮＧ輸入増より原油輸入額の変動が遥かに大きい

「貿易赤字の拡大は、原子力発電から火力発電へのシフトによって、燃料であるＬＮＧの輸入が増えたためである」と言われることが多い。この見方は正しいだろうか？

ＬＮＧの輸入額は、２００６年～09年ごろには平均して年間３兆円程度であったが、12年、13年には６兆～７兆円程度となっている。この間に３兆～４兆円の増加があったわけだ。これは、すでに述べた全体としての貿易赤字の増加（約20兆円）の中で、無視しえぬ比重を占めている。

しかし、他の要因に比べれば、比重は小さい。まず、原油輸入額の変動はかなり大きい。リーマンショック直後に、約16兆円から約８兆円へと８兆円減少した（このときは、原油価格低下だけでなく、円高になったことも影響した)。ただし、このときには輸出も減少したので、全体としての貿易赤字は拡大した。

その後、原油の年間輸入額は増加し、13年では14兆円程度になった。この間の増加額は約6兆円である。これは、リーマンショック後の輸入額増大の大きな原因だ。そして、LNGの輸入額が10年の約3・5兆円から14年の7・8兆円まで4・3兆円増えたのよりも大きい。

14年秋以降は状況が大きく変わり、原油価格は数カ月間で半分程度の水準にまで下落した。このことは、14年の貿易収支にも大きく影響している(原油・粗油の輸入額は13・9兆円。対前年比はマイナス2・6%、寄与度はマイナス0・5%)。

14年12月の数字を見ると、その傾向がさらに顕著に表れている。原油・粗油の輸入額は1・1兆円で対前年同月比22・0%の減少となった。寄与度はマイナス4・2%だ。他方で、液化天然ガスの輸入額は0・8兆円で、対前年同月比15・6%増、寄与率は1・5%なので、液化天然ガスの輸入増加分を原油の輸入減少分が完全に打ち消している。なお、これらを含む「鉱物性燃料」で見ると、輸入額2・4兆円、対前年同月比マイナス10・6%、寄与度マイナス3・9%となっている。

14年12月の貿易赤字は0・7兆円だったが、これは前年同月の49・5%と、半分以下の水準だ。こうなった最大の要因は、原油輸入額の減少だ。

この傾向は今後も続くと考えられる。貿易統計によると、原油・粗油の輸入価格（CIF）単価は、1バーレル当たり、10月が100・7ドル、11月が90・82ドル、12月が79・13ドルとなっている。このように、原油価格低下の影響は、まだ完全には輸入価格に反映されていない。ドル表示の輸入単価は、さらに低下するだろう。

仮に為替レートが今後変化せず、輸入数量も不変とすれば、原油・粗油の輸入額は、14年の13・9兆円から7兆円近く減少する可能性がある。これは、貿易収支の赤字を大きく減少させるだろう。また、日本経済にとってそれだけの需要増大効果を持つことになる。7兆円は消費税率のほぼ3％分に相当する額だから、効果はきわめて大きい。消費税増税分は国内で支出されることを考えれば、原油輸入額減少のほうが効果は大きい。ただし、貿易収支が黒字化することはないと考えられる。これについては、後で検討する。

すでに述べたように、発電の火力シフトによる輸入増加額は4・3兆円程度だ。原油価格の低下による輸入減少額は、これよりずっと大きい。言い換えれば、貿易収支上の理由から原子力発電の再稼働を急ぐ必要はなくなった、ということになる。

生産拠点の海外移転は合理的選択の結果

「貿易赤字拡大を止めるために、生産拠点海外移転を抑える必要がある」と言われる。その考えは正しいだろうか？

電気機械の輸出入と輸出入差を１９８８年から２０１３年の期間について見ると、08年までは黒字が年間７兆円程度であったが、14年では１・１兆円となっている（輸出が12・６兆円、輸入が11・５兆円）。この間で約６兆円の減少だ。最も大きな変化は、リーマンショック直後に生じた。これは、輸出が急激に落ち込んだからである。

ただし、長期的には、１９９０年ごろをピークとして黒字が減少過程にあると見ることもできる。それは、輸入が80年代の末から継続的に増加しているからだ。輸出も、２００４年～08年が異常に増えたのであって、それを除けば、１９９０年代の末から現在に至るまで、ほぼ一定値だと見ることができる。

つまり、電気機械における輸出入差額の減少は、90年代から継続的に徐々に進んでいた長期的傾向であることが分かる。それが、リーマンショック前後に拡大された形で現れたのだ。

ここで注意すべきは、２０１２年秋からの円安の進行にもかかわらず、輸入は増え続け、輸出入差額は減少を続けていることだ。教科書的に言えば、円安になれば輸入が減り、輸出が増えるはずだ。しかし、現実にはそうしたことが起きていないのである。

自動車の輸出額は、07年、08年には14兆円程度であったものが、09年には７兆円程度へと７兆円も減少した。ただし、06年から08年にかけてが異常に多かったのであって、それがリーマンショックで元に戻ったと見ることもできる。長期的に見れば、穏やかな増加傾向を示していると見られなくもない。実際、リーマンショック後回復し、14年では10・9兆円程度となっている。つまり、リーマン前と比べれば、3兆円程度の減だ。

リーマンショック前と現在を比べれば、輸出輸入差額の減少は、以上で述べた電気機械（約6兆円）と自動車（約3兆円）だけで約9兆円になる（なお、自動車の輸入は輸出の1割未満なので、ここでは無視している）。これは、全体としての貿易赤字の増加（20兆円）の中で、かなりの比重を占める。

しかし、これは、企業の合理的な立地選択の結果だと解釈できる。また、その形態も、国内工場の海外移転とは限らない。電気機械について言えば、海外のEMSに生産の一部を委託したり、OEMメーカーから完成品を輸入している場合も多い。これは製造業の世界的な水平分業化の結果であり、合理的な生産計画の結果だ。だからこそ、12年秋以降の円安にもかかわらず、工場の国内回帰が起きないのだ。

04年から08年にかけての円安期には、工場の国内回帰が起こった。そのときに建設された大規模なテレビ工場が後に電機メーカーの大赤字の原因になったことは記憶に新しい。海外生産比率の増加が貿易赤字拡大の原因の一つであることは間違いないが、それは抑制すべきことではないことに注意が必要だ。

貿易収支黒字化ほどの輸出回復は難しい

「円安の効果がやっと現れ、輸出が伸び始めている」との見方がある。これと原油輸入額の減少を合わせれば、貿易収支が黒字になるとも言われる。果たしてそうなるだろうか？

確かに、貿易統計で12月の輸出数量指数を見ると、対前年比プラスになっている。とくに、対米、対EUが伸びている。

ところが、アメリカの貿易統計で財の輸入を見ると、輸入額全体は2014年4月ごろから対前年比で2〜4％程度の伸びを示しているにもかかわらず、日本からの輸入は伸びていないのである。むしろ、中国、韓国などからの輸入の伸びが顕著だ。14年第3四半期の輸入の対前年同期比は、中国が6・1％増、韓国が9・7％増であるのに対して、日本からの輸入は5・1％の減となっている。

このことは、ジェトロ（日本貿易振興機構）が作成するドル建て輸出統計でも確かめられる。すなわち、ドル建て輸出の対前年伸び率は、14年1〜11月において、世界でマイナス3・5％、対米でマイナス3・7％である。11月単月では、それぞれマイナス7・5％とマイナス5・8％だ。このように、状況は最近になって改善しているのでなく、むしろ悪化している。なお、対米ドルベースでの数字は、先に述べたアメリカの貿易統計の数字とほぼ整合的である。

原油価格が現在以上に大幅に下落すれば話は別だが、現状程度の価格が続くとし、かつＬＮＧの輸入が増加し続けるとすれば、貿易収支が黒字になる可能性は低いと考えられる。

輸出が増えないのは現地価格が低下しないから

教科書的な説明では、円安になれば輸出が増加して輸入が減少し、貿易収支の黒字が拡大する。２０１２年秋からの円安は極めて顕著なものであったから、貿易収支が目覚ましく改善して然るべきだ。しかし、現在の日本ではまったく逆のことが起こっている。

こうなる一つの原因は、輸入面にある。最近数年間の輸入増大の大きな原因は、発電用燃料の輸入が増加していることだ。ところが、電気は価格弾力性が低い財であるため、電気料金が上がっても需要があまり減少しないのである。したがって、発電用燃料の輸入量も減少しない（実際には、増えている）。

もう一つの原因は、輸出数量が伸びないことだ。なぜ伸びないのか？　大きな原因は、輸出企業が現地通貨建ての輸出価格を低下させていないことだ。過去2年間の現地通貨建て輸出物価の推移を見ると、つぎのとおりだ。まず、12年12月の１００・7から13年12月の99・１まで、１・59％低下した。この間に円ドルレートは23・７％も下落したことを考えると、きわめて低い下落率だ。また、13年12月には99・１で、１年前とまったく変わっていない。近似的に言えば、「円安にもかかわらず、現地通貨建て価格は変わらなかった」と言ってよい。

「円安になれば輸出量が増える」とされる大前提は、現地価格が低下して輸出の価格競争力が上昇することだ。しかし、現実にはそうなっていないのである。そのため、輸出量は相手国の景気に依存する。中国や欧州の景気が停滞しているので、輸出量も低迷せざるをえない。

これに関連して、「Jカーブ効果」について述べておこう。これは、通貨が減価したとき、最初は貿易収支が悪化するが、時間がたてば赤字が減少して黒字になるとする考えだ。円安にもかかわらず輸出数量が伸びないことの説明として、この効果が持ち出されることがある。しかし、この考えは現在の日本には当てはまらない。

Jカーブ理論の大前提は、「輸出の現地通貨建て価格が低下する」ということだ。ただ、それが販売量を増やすのに時間がかかるために、すぐには輸出が増えないということなのである。しかし、現在の日本の輸出については、そもそも現地通貨建て価格が低下していない。だから、時間がたっても、価格効果で輸出数量が増えると期待することはできない。

なお、輸出が増えないのは、製造業の生産拠点が海外に移ったためだと言われることが多い。確かに、長期的に見て日本の製造業の海外生産比率は上昇した。しかし、この数年間で顕著に高まったわけではない。内閣府マンスリー・トピックス「海外現地生産の動向と輸出への影響」（2014年4月）は、「海外現地生産の状況が短期的に大きく変化したとはみられないことから、海外現地生産の動向がマクロ的には13年後半以降に輸出を大きく下押ししたとは考えにくい」としている。

5 円安で日本人は貧しくなる

円安は経済を改善していない

アベノミクスの基本的なメカニズムは、「金融緩和を行なう」という宣言のアナウンスメント効果によって、円安への投機を煽ることだ。２０１４年11月末の日本銀行追加緩和にも、明白にその姿勢が現れている。したがって、アベノミクスの評価とは、円安の評価にほかならない。

すでに述べたように、円安になれば、輸出産業の利益が増えるので、株価が上昇する。それは、「経済が改善している」という印象を人々に与える。しかし、輸出数量が増えないので、実体経済は改善していない。また、企業の生産性が向上しているわけでもない。したがって、株価上昇は投機が引き起こしたバブルにほかならない。

重要なのは、円安と実体経済の関係である。これを見るため、13年度と10年度の比較を行なってみよう。10年当時、「円高で日本経済が壊滅する」と言われた。13年度は、10年度に比べると、為替レートは大幅に円安になっている。ところが、13年度の実質GDP成長率は2・2%であり、10年度の3・4%より低い。円安が経済成長率を抑えているのである。こうなるのは、本章の2で述べたように、物価が上昇して実質消費が抑制されるからである。

円安によって日本が貧しくなっていることは、1人当たりGDPのデータを見ても明らかだ。過去2年間の円安で、日本の国際的な順位は顕著に低下した。IMF統計によると、14年において、日本の値はアイルランドの79・8%、アメリカの69・4%しかない。11年には、日本はアイルランドの93・4%、アメリカの92・7%であった。世界の中で、日本は急速に貧しくなったのである。

「これは、為替レートの変化による計算上の変化にすぎない」という意見があるかもしれない。しかし、そうではない。円安になれば海外から買うものの価格が上がり、これまでのようには買えなくなる。海外を旅行すれば、それが実感される。右の数字は、現実の生活水準の変化を表しているのである。

ドルで見れば、日本人が貧しくなっている。つまり、ドル表示での日本の労働者の賃金は下落している。しかし、輸出のドル価値は不変だ。このため、コストだけが下がったことになって、企業の利益が増大する。これが企業利益増大の基本的なメカニズムだ。つまり、日本の労働者が貧しくなるために、利益が増大するのである。

円の実質購買力の長期的な低下

為替レートについての議論のほとんどは、名目の為替レートについて行なわれている。しかし、経済的な問題を考えるには、物価の変動を調整した実質為替レート指数を見る必要がある。さまざまな国との間の実質為替レートの加重平均である実質実効為替レート指数が、日本銀行によって作成されている(注1)。

これを見ると、現在は、異常といえるほどの円安だ。実質実効為替レート指数が円高のピークになったのは、1995年4月で、指数は150・25であった(指数が大きいほど円高)。ところが、2014年11月の指数は70・25だ。ピークに比べると、円の実質価値は半分以下に低下した。つまり、円という通貨によって、そのころに比べて半分以下の財やサービスしか買えなくなったのである。最近の時点で見ると、10年から12年秋までは指数が100程度であった。12年秋以降に生じた円安によって、円の実質価値が約3割近く低下したことになる。名目為替レートだけを見ていると、こうした異常事態が生じていることを実感しにくい。

日本はエネルギー源をほぼ海外に依存している。原油や発電用LNGはほぼ全量が輸入なので、円安になるとガソリン価格や電気料金が上昇する。最近では電気製品も輸入しており、企業の原材料費も高騰している。そのため、消費者物価の上昇率が高まり、実質消費は減少する。

日銀の物価目標は実現できるかもしれないが、実現できたところで、日本人が貧しくなるだけのことだ。デフレ脱却というのが間違った目標であることは明らかだ。

ところで、実質実効為替レートの変化は、日本の平均賃金の推移と似ている。毎月勤労統計調査の賃金指数（現金給与総額、調査産業計）を見ると、97年の111・9がピークであり、それ以降は傾向的に低下している（2013年は99・9）。ほかにも似た長期的傾向を示す経済指標は多い。例えば、所得税や法人税の税収も、1980年代末から90年代の初めがピークで、それ以降は減少傾向にある。平均株価も、80年代末がピークで、それ以降は大局的には低下している。

これらから考えられるのは、日本の購買力の低下は、日本産業の生産性の低下によるということだ。それに対する根本的な解決は、日本の産業の生産性を上げることしかない。これは、金融政策では対処できない問題である。これこそが、現在の日本で最も強く求められる経済政策だ。この問題について、第8章で論じることとしよう。

（注1）ここで「実質為替レート」の意味について説明しておこう。

国によって物価上昇率が違うので、円の購買力は、名目為替レートだけでなく、物価上昇率の差にも依存する。例えば、日米二国だけを考え、物価上昇率が日本で年率0%、アメリカで2%であるとする。1年目の名目為替レートが1ドル＝100円であるとし、100円を1ドルに換えると、アメリカのある商品が1単位買えるとする。

2年目には、この商品はアメリカでは1・02ドルになっている。名目レートが1ドル＝100円のままだと、この商品は1／1・02単位しか買うことができない。つまり、円の購買力が低下するわけだ。この数字（1／1・02）を、「1年目を基準にした2年目の実質為替レート指数」という。

いまの例では、名目レートが物価上昇率の差だけ円高になり、1ドル＝98円になれば、実質為替レート指数は1のままだ。そして、円の購買力は一定に保たれる。

第2章

日米逆の金融政策の帰結

日本銀行の金融緩和政策によって、日本の金利は不自然に低い水準に押し下げられている。しかし、これは力ずくの国債購入の結果であり、金利がマイナスになるなどの異常事態を引き起こしている。これにより円安が進行しているが、他方で原油価格が下落しているので、2%のインフレ目標達成は困難だ。そもそも、インフレ率引き上げを経済政策の目標にするのが間違っている。さまざまな困難があるとはいえ、日本も金融緩和政策からの脱却をはかる必要がある。

1 追加金融緩和が広げる国債市場の歪み

追加緩和で円安投機を煽る

米連邦準備制度理事会(FRB)は、2014年10月末の米連邦公開市場委員会(FOMC)後の声明で、資産買い入れ額をこれまでの150億ドルからゼロとした。これによって、12年9月に開始した量的緩和第3弾(QE3)は終了した。今後は、金利の上昇が予想される。これによる日米金利差拡大の予想によって、すでに8月末から円安が進行している。

他方で、日本銀行は、14年10月末の金融政策決定会合で、追加金融緩和を行なうことを決定した。これまで、マネタリーベースを年間60兆～70兆円増やすとしてきたが、これを約80兆円に拡大する。長期国債の買い入れ規模を、従来の年間約50兆円から約80兆円に増額する。満期までの期間の平均も、最大3年程度延長して7～10年にする。

追加緩和によって、日本の金利はさらに押し下げられる。したがって、円安に拍車が掛かる。これが今回の追加緩和の目的だ。直接の為替介入ではないが、民間資金の流れに影響を与えようとする意味で、一種の為替操作である。そのために、サプライズを狙ったのだ。通常の金融政策であれば、サプライズを狙う必要はない。サプライズを狙うのは、投機心理に与える影響を重視するからで、為替操作の特徴だ。その結果、実際に急速に円安が進んだ。日経平均株価も大きく上昇した。

円安や株高の投機を煽ろうとする追加緩和は、非常に不健全な政策だ。そもそも、自国通貨の価値を減らそうとするのは、「通貨価値の安定」という中央銀行の本来の使命とまったく逆のものだ。

ただし、第1章で述べたように、円安が進めば、輸出企業の利益が増える。円安による原材料価格上昇は中小企業の利益にはマイナスに影響するが、そうした側面は日経平均株価には表れないので、経済が好転したかのような印象を与える。

しかし、実体経済は改善しない。むしろ、物価上昇による弊害が拡大するだろう。

異常に低い長期金利は過度の金融緩和による不自然な状態

多くの人が、異次元金融緩和政策によって日本経済が回復したと考えている。しかし、そのことは、データでは裏付けられない。マネタリーベース（日銀当座預金と日銀券の合計）は増えた（２０１３年3月から14年４月の間で、１３４兆円から２０８兆円に74兆円増加）。その大部分は、日銀当座預金の増加だ（同期間に47兆円から１１７兆円に70兆円の増加。しかし、マネーストック（現金通貨と預金通貨の合計）は増えなかった。それは、銀行貸し出しが増えなかったからだ。当座預金はほとんどが過剰準備になっている。

このように、異次元金融緩和措置は「空回り」している。13年の経済成長率が高くなったのは、金融緩和によるのではなく、公共事業が増えたことと、消費税増税前の駆け込み需要で住宅投資が増えたことによる。

12年の秋ごろからの顕著な円安によって、輸出企業の利益が増加し、このために株価が上昇したのは事実である。ただし、円安は、日本の金融緩和政策の結果として生じたものではなく、ユーロ危機の鎮静化による国際的な投資資金の流れの変化（その中には投機的なものも多く含まれていたと考えられる）によってもたらされたものだ。

金融政策に本来期待されるメカニズムは、「マネタリーベースの増大がマネーストックを増大させ、マネーに対する需給を緩和することにより金利が低下する」というものだ。しかし、このメカニズムによる金利低下は、現在の日本では実現していない。前述のように、マネタリーベースは顕著に増加しているが、マネーストックはほとんど増加していないのである。

金利の低下は、日本銀行が国債を買い支えていることによって直接的に生じている。それによって国債の市場が大きく歪んでいる。過度の国債購入が行なわれているため、国債市場がバブルを起こしており、その結果、国債価格が高くなり過ぎている（金利が低くなり過ぎている）のだ。

金利低下は、追加金融緩和によって加速されている。10年国債の利回りは、10年から12年初めには1%から1.5%程度の間にあったが、13年6月以降ほぼ傾向的に低下し、14年6月からは0.6%を下回るようになった。14年末ごろからは原油価格下落の影響もあってさらに低下し、15年1月中旬には0.2%台になった。

現在の日本の金利が不自然に低過ぎると考えられる第1の理由は、実質金利がマイナスになっていることである。これまでは、日本の物価上昇率が低いことが、低い名目金利を正当化した。しかし、物価上昇率が高まると、そうは言えなくなる。消費者物価指数の伸び率が高まったため、「名目金利－消費者物価上昇率」として計算される実質金利は、マイナスになった。

しかし、マイナスの金利が長期的に続くとは考えにくいのである。この問題を考えるとき、名目金利と実質金利、そして預金金利と貸付金利を区別する必要がある。名目マイナス金利は技術的に難しいが、ありえなくはない。実際、欧州中央銀行（ＥＣＢ）が14年6月に導入した。これは、民間銀行が中央銀行に預ける預金の金利をマイナスにするものだ。こうすれば、銀行の資金は貸し出しに向かうとの思惑による。こうした預金を提供することは可能だ。預金者がいるかどうかが問題だが、他の資産がどれもリスキーなら、保管料の意味で金利を払うことはありうる。しかし、貸出金利もマイナスになる（貸出者が借入者に金利を払う）状態は考えにくい。こうした貸し出しを提供する金融機関は存在しないだろう。ところが、国債については、これと同じことが発生しているのである。これについては、後で述べる。

「名目金利－期待物価上昇率」として計算される実質金利が結果的にマイナスになってしまうこともありうる。事実、日本でもアメリカでもそうなった。しかし、こうした状況が長期安定的に均衡となることは考えにくい。なぜなら、この状態は裁定取引を許すものだからだ。

いま預金金利と貸出金利は等しいとしよう。すると、借り入れで調達した資金でモノを買い、時間がたってから売却すれば、元利を返済した後、利益を上げることができる。このような裁定取引によって借り入れが増え、金利が上がる。そして、実質金利がマイナスの状態は解消されるのである。

国民負担でマイナス金利を実現

最近では、名目金利もマイナスになる事態が生じている。2014年10月23日に財務省が実施した償還期間3カ月の短期国債の入札では、平均落札利回りがマイナス0.0037%となり、日本国債の入札で初のマイナス金利になった。最高落札利回りは0.0000%だった。30日の入札では、平均落札利回りはマイナス0.0041%となり、23日よりマイナス幅が拡大した。また、最高落札利回りがマイナス0.0018%と、初のマイナスとなった。また、11月25日に表面利率0.1%の2年利付国債の平均落札利回りがマイナス0.003%となった。

これまでも、流通市場ではマイナス金利があった。9月5日に3カ月物、9日には6カ月物がそれぞれマイナス金利で取引された。10月21日には、3カ月物がマイナス0.10%になった。日銀は9月9日、初めてマイナス金利で市場から短期国債を買い入れた。

マイナス金利は、その後2年国債にも広がった。14年12月初めにマイナスになり、中旬以降は継続してマイナスである。3年債も12月下旬から継続してマイナスだ。5年債利回りもゼロに近づいている。

日銀が大量に国債を購入していることから、国債市場はすでに極端な国債不足に陥っている。担保などに必要な短期国債を確保できない金融機関から買い注文が殺到するため、このような高値（利回りは低下）の取引になるといわれる。実際、10月30日の入札では、5兆7400億円の発行予定額に対して47兆6750億円もの応札があった。

「マイナス金利」とは、分かりにくい表現だ。「損失覚悟の高値買い」というほうが分かりやすいだろう。こうした取引は不合理なものであり、普通はありえない。どこかに必ずトリックが隠されている。

それをごく簡単な数値例で説明しよう。いま額面100円の割引国債を考えよう。これが98円で売り出され、1年後に償還されるとすれば、2円の利益が得られる。このことを、「発行利回り（落札利回り）が約2％」という。この国債が発行直後に流通市場でも98円で取引されるなら、流通利回りは約2％だ。もし、何らかの事情で国債に対する需要が増加し、99円で取引されるとすれば、流通利回りは約1％に低下する。

ところが、最近起きているのは、この国債が101円で落札されたことに相当する。購入した金融機関は、満期まで持てば100円の償還を受けるだけなので、1円の損失が発生する。一見すれば非合理な行動のように思える。しかし、日銀がこれを102円で買ってくれれば、金融機関は国債を売って売却益を得ることができる。

この場合、日銀は償還時に2円の損失を被る。これは、日銀の利益を減少させ、日銀の国庫納付金を減少させる。それは国民の負担になる（日銀の収益は国庫納付金として政府に支払われる。13年度では5793億円）。結局のところ、日銀納付金減少という形の国民負担が、トリックを可能にしている。それによって、「マイナス金利による国債の発行や日銀の買い上げ」という異常な状態を支えているのである。追加緩和で国債購入目標が増額されたので、今後、このような国民負担は増えるだろう。

なお、「外国人投資家は、為替スワップを通じて円をマイナス金利で調達できるため、マイナス利回りの国債に一定の需要がある」とも指摘される。ただし、これも、日本の金利が低いからこそ可能になることである（「為替スワップ」とは、一定期間、異なる通貨で運用・調達を行なう取引。円の金利がゼロ近くまで低下している場合、高金利通貨を原資に円を調達すると、金利収入を得られる場合がある。したがって、マイナス金利の日本国債で運用しても、プラスの利回りを確保できる）。

発行金利がマイナスになれば、政府は利子収入を得ながら資金を調達できる。こうした状況下で財政再建のインセンティブが働くはずがない。このため、社会保障はすでに持続不可能な制度になっているが、それに対して何もなされていない。日本経済が抱えている問題は深刻だ。それに手をつけず、株価引き上げに時間を空費している余裕はないはずだ。日本経済は、きわめて危険な状態に突入しつつある。

ドイツと日本でまったく異なるマイナス金利のメカニズム

マイナス金利は、日本だけで見られる現象ではなく、ドイツをはじめとするヨーロッパ諸国の短期国債でも見られる。ただし、メカニズムに大きな違いがある。

ヨーロッパのマイナス金利の原因は、欧州中央銀行（ＥＣＢ）が当座預金の付利をマイナスにしたことだ（現在ではマイナス０・２％）。前述のように、銀行が資金を当座預金に置かず、企業に融資することを促そうとしているのである。なお、スイス中銀も、預金の金利を15年1月からマイナスにした。また、ドイツの大手銀行コメルツバンクは、大口預金からの利子の徴収を始めるとした。

こうした状況下では、民間銀行や大口預金者は、預金をして金利を取られるよりも、金利が多少マイナスでも信用度の高いドイツ国債を保有しようとする。このためにドイツ国債の利回りがマイナスになるのである。国債金利がマイナスになるのは、投資家が自分でコストを負担する結果だ。ＥＣＢは何もコストを負担していない（むしろ、利子収入がある）。コストを負担せずに国債利回りを低下させているのだから、ＥＣＢの思惑通りの結果になっていると言える。

すでに述べたように、日本の場合のマイナス金利は、これとは異なるメカニズムで生じている。高い価格で購入しても、それより高い価格で日銀が買い取ってくれると期待できるからだ。

結局のところ、マイナス金利の負担を、ドイツでは民間銀行や投資家が負っているのに対して、日本では日銀が負っている。

国債価格がバブルを起こしている

国債市場がバブルを起こしていると考えられる理由は、マイナス金利以外にもいくつかある。

第1に、低金利は、日本の財政状況の深刻さを反映していない。日本の財政状況は、ギリシャ並みに悪い。国債残高をすべて償還するには、16年分の税収をすべてつぎ込むことが必要だ。つまり、実際には国債は償還されない可能性が高い。だから、リスクプレミアムが高くなっているはずであり、アメリカやドイツの国債より低金利ということはありえないのである。

しかし、実際には日本国債の利回りのほうが低くなっている。これは不自然な状態だと考えざるをえない。

後で検討するように、将来ありうるシナリオは、一つは金利の高騰（国債価格の下落）であり、もう一つはインフレによる実質価値の低下だ。どちらであっても、長期的な投資対象として見た場合には、日本国債はリスクが高い。財政がこのような状態にあるにもかかわらず、いまのような低金利で資金を調達できるのは、不自然だと考えざるをえない。金利が低過ぎるとは、国債価格が高過ぎることだ。現在の状況は、国債バブルだ。

第2の理由は、メガバンクを中心として、銀行が保有国債の残存期間を短期化していることだ。これは、現在の低金利（国債価格高）が長期均衡値ではなく、バブルによる異常値だとの判断に基づくと考えられる。残存期間を短くしておけば、国債価格下落による損失を軽減できるからだ。

第3は、異次元金融緩和以降の日銀の国債購入が、異常とも言える巨額さだからだ。しかも、この状態は今後もしばらくは続くことになっている。こうした状況では、短期的には、金利がさらに低下する（国債価格がさらに上昇する）との見通しが形成される。そのため、銀行は国債を購入する（ただし、償還まで長期に保有することを予定したものでなく、近い将来に日銀が購入してくれるとの思惑に基づく）。それが国債価格をさらに押し上げる。

このように、異次元金融緩和による大量の国債購入で国債市場が歪み、バブルを起こしている（金利が低過ぎる）のである。現在の状況は異常であり、長続きするものではない。何らかの外的ショックによってバブルが崩壊すれば、金利が暴騰する危険がある。それによって経済にさまざまな問題が起きる。そうだとすれば、いまなすべきことは、この不自然な状態から徐々に脱却することだ。

買い入れをやめれば、金利が暴騰する危険もある。しかし、日本が国債購入をやめなくとも、何らかの外的なショックによって、国債バブルが崩壊する危険がある。それが現実化すれば、かなりの混乱が生じるだろう。

金利の上昇は避けられないにしても、一気に問題が顕在化して経済が混乱するのは避けるべきだ。金融緩和から徐々に脱却する方向を模索すべきである。

金利が上昇すると、どんな問題が生じるか

日本銀行は、消費者物価上昇率を2％とすることを目的としている。右で述べたことにより、それが達成された状態で金利が2％以下になることは考えられない。

日銀の目標どおり消費者物価上昇率が年率2％になれば、名目金利は2％より高くならなければならない。現在の金利水準と比較すれば、金利はかなり上昇しなければならない。

異常な低金利がいつまでも継続するものではないことは、政府自らが認めている。第7章の2で見るように、内閣府が作成した「中長期の経済財政に関する試算」（14年7月）の中で、名目長期金利は、18年に3％を超え、21年には4％を超えると想定されている（「経済再生ケース」）。つまり、現在のきわめて低い金利水準は長期的な均衡値ではなく、かなり近い将来において正常化し、現在より33％ポイント程度上昇すると考えられているわけだ。

金利が上昇すればさまざまな問題が起きる。

第1に、右で述べたように、金融機関保有国債の価値が減少する。日銀が保有している国債にも損失が発生する。前記のようにマイナス金利で購入した場合はもちろんのこと、プラスの

金利で購入したものについても、損失が発生する。その額はどの程度のものだろうか？

この答えは、日銀がさまざまな償還期限の国債をどの程度の価格で購入しているかによるので、そのデータがないと計算することができない。ただし、つぎのようにして見当をつけることはできる。

日銀は「金融システムリポート」（14年10月）の中で、金利上昇による損失額の推計を行なっている。金利上昇幅が3％の「パラレルシフト」の場合（金利がすべての年限で一様に3％ポイント上昇した場合）、大手銀行と地方銀行を合わせた国内銀行全体で保有する債券の時価損失は、14・5兆円にのぼる。内訳は、大手銀行が6・7兆円、地域銀行が7・8兆円だ。

ところで、日銀の資金循環統計によれば、13年12月末時点の国内銀行のバランスシートにおいて、「株式以外の証券」の残高は、193・4兆円である（うち、国債、財融債が101・2兆円）。他方、日銀のバランスシートにおける「株式以外の証券」の残高は、210・1兆円だ（うち、国債、財融債が156・9兆円）。

日銀と国内銀行では、保有している債券の構成が異なるので単純な比較はできないが、単純に比例計算をすれば、金利上昇幅が3％の場合の日銀の損失は15・7兆円になる。これは、総資産額253・3兆円の6・2％に相当する巨額なものだ。

日銀は、金利が高騰した場合の民間金融機関の損失については推計を公表しているが、自らが被る損失については公表していない。しかし、その額の巨大さ、それが国民負担に直結するという重要さを考え、ぜひこれを公表すべきだ。

金利が高騰した場合の第2の問題は、金融機関が日銀のオペレーションに対応して国債を売らなくなることだ。なぜなら、金利が上昇すれば、国債の市場価格が購入時の価格より低い場合が生じ、売却すれば損失が実現してしまうからだ。

第3に、国債の利払いに深刻な問題が生じる。借り換えは徐々に行なわれるので、金利が上昇してもすべての残高がすぐに高い金利になるわけではない。しかし、5年程度たてば、全残高が新しい金利水準になってしまう。そうなれば、財政は破綻する。これについての具体的なシミュレーション計算は、第7章の2で示すこととしよう。日本経済は、薄氷の上を歩いているのである。

結局はインフレで政府債務が帳消しになる

巨額の赤字を抱える現在の財政状況は、このように不自然なものだ。しかし、その状況が続いているのも事実である。では、こうした状況は永続するだろうか？

「ケインズ経済学の考えでは、需給ギャップがあるかぎり、赤字財政によって生産力が増大し、したがって、負担を負うことなく支出が可能だ」という意見があるかもしれない。しかし、そうしたことがどこまでも続くとは考えられない。事実、現在の日本でも、部分的には、建設労働者などでボトルネックが生じている。

経済全体としても、インフレーションが起きて国債の実質価値が低下し、それによって財政支出が賄われる可能性が高い。人類の歴史において、財政赤字がある程度以上の規模になった場合、インフレ以外の形で解決できたことはない。日本でも、累増した戦時国債は、戦後のインフレによって実質価値を失った。

ところで、財政ファイナンスは「国債の貨幣化」と言われるが、現在の日本では、正確には貨幣化されていない。増えているのは日銀券でなく日銀当座預金であるが、これはマネーストックには入らないからだ。

付利されているとはいえ、当座預金を過剰に保有することは、銀行の収益性を落とす。したがって、この払い戻しを求めることは考えられる。言うまでもなく当座預金は要求払い預金なので、払い戻し要求があれば、日銀はそれに応えなければならない。

それに応える手段は、当座預金という負債を日銀券という負債に変えるしかない。したがって、日銀券が増える。日銀券は当座預金と違ってマネーストックに含まれるので、経済全体のマネーストックが増える。

もちろん、マネーストックが増えたからといって、必ずインフレになるわけではない。貨幣

数量方程式 $Mv = PT$ において、貨幣の流通速度 v が低下すれば（つまり、人々が貨幣を保蔵すれば）、マネーストック M が増加しても、物価 P は上昇しないかもしれない（なお、T は実質取引量であり、一定と考える）。

しかし、日銀券の大量増発が起こったときに、人々がそれを保蔵するとは考えにくい。むしろ、将来のインフレを予想して、人々は日銀券から逃れようとする（つまり、流通速度が上がってしまう）可能性が高い。そうであれば、日銀券が流通するためには、その価値を落とす、つまり物価が上昇するしかない。このようにして、かなり激しいインフレが生じる可能性が高い。

資本取引が自由化されている現代の世界では、これは円からの脱出、つまりキャピタルフライトを引き起こす。それによって円安が進む。

この場合、円安になっても、日本の輸出品の価格競争力は高まらないことに注意が必要である。なぜなら、それは実質為替レートを減価させないからだ。また、輸出産業の利益を増やすこともない。なぜなら、国内でインフレが生じているため、原材料価格や賃金も上昇しているからだ（2012年秋からの円安で輸出産業の利益が増えたのは、賃金や国内で調達する原材料の価格が上昇せず、円表示の輸出売上だけが増加したからである）。

このようにして、日本経済は急速に破壊される。

注意すべきは、現在すでに、日本経済は潜在的にはそうした状態になっているということだ。

顕在化していないのは、国債購入の代金が日銀当座預金という形で止まっており、日銀券になっていないからである。つまり、「国債の貨幣化」とはいうものの、厳密に言えば、「貨幣」（マネーストック）にはなっていないのである。しかしそれは、銀行が当座預金に甘んじているという不自然な状態で支えられているにすぎない。その支えがはずれれば、事態は急激に変化しうる。

2 米金融緩和終了の影響

米金融緩和終了の世界経済への影響

本章の最初に述べたように、米連邦準備制度理事会（ＦＲＢ）は量的緩和政策を終了した。アメリカでは企業利益が増加し、株価が史上最高値を記録した。実体経済を見ても、失業率が低下している。こうした状況では、緩和を続ける理由を見出しにくい。放置すれば、経済が過熱状態になる懸念がある。また、後に述べるように、金融緩和が世界的投機を引き起こしたことを考えると、金融政策を正常化させる必要性は高い。

次の段階は、利上げと資産売却だ。１年債や２年債の利回りは、すでに上昇している。２年債レートは、14年11月中旬をボトムとして、上昇している。1年債の利回りは、12月にかなり上昇した。他方で、10年債利回りは、14年12月終わりから低下し、一時は1・6％台になった（その後回復して2％に近づいた）。この結果、金利の期間構造を示すイールドカーブは、傾きが緩やかになっている。これは、金融緩和が終了する場合のノーマルなパタンである。

政策金利の引き上げは15年後半になると予想されているが、前倒しされる可能性もある。なお、ＦＲＢ議長のジャネット・イエレンは、住宅ローン担保証券（ＭＢＳ）売却の公算は小さいと表明している。したがって、仮に利上げしても、ＦＲＢの資産規模は維持されたままの可能性が高く、調整はかなりゆっくりしたものとなるだろう。

そうではあっても、リーマンショック直後から続いてきた世界的金融緩和と、それによる異常ともいえる低金利の時代は終了し、正常化に向かって歩きだすことになる可能性が高い。金融緩和の時代には、短期資金の借り入れが容易になるので、借り入れによって総投資額を中核となる資金（年金基金など）の何倍にも膨らませて（レバレッジを掛けて）投資していた。しかし、金融緩和が終了すると、レバレッジを縮小することが必要になる。したがって投機マネーの総額も縮小する。後に述べるように、原油価格下落も投機資金の縮小によって引き起こされたと考えられる。

アメリカの金融緩和政策終了の影響は、アメリカ国内というより、むしろ海外で大きく感じられるだろう。タイミングや規模についてはほとんど予測できないが、方向性については見当がつく。

アメリカの量的緩和政策の効果は、マネーストックを増加させたことではない。「市場にマネーが大量に供給された」という事実はない。マネーストックの増加率は、過去の値に比べて、さして上昇していない（すでに述べたように、日本でもまったく同じである）。その効果は、金利を押し下げたことだ。このメカニズムは、経済学の教科書が解説する金融緩和のメカニズム（マネーストックの増加によって、マネーに対する需給が緩和し、そのために金利が低下する）とは異なるものだ。

その国内的な影響は、実体経済というよりは、資産価格、とくに株価に与えた影響が大きかった。したがって、縮小に当たっては、株価に急激なショックを与えないように進める必要がある。これを行なううるか否かが、イエレンの手腕ということになる。緩和一本やりで進んだベン・バーナンキの場合より難しい政策運営だ。

アメリカの量的緩和策のいま一つの効果は、アメリカ国内の金利が低下したため、投資資金（その多くは投機資金）の海外流出をもたらしたことである。すなわち、アメリカで低い金利で資金を調達し、海外の利回りの高い（多くの場合にリスクも高い）対象に投資する資金の流れをつくり出した。

これは、10年11月から行なわれたQE2の場合に、とくに顕著に見られた。投資資金は、ギリシャ国債をはじめとする南欧国債、そして他の新興国に向かったと考えられる。

投機資金の動きは不安定で、小さなきっかけでも流出する。南欧国債からの資金流出による利回りの高騰が、10年から12年ごろにかけて起こったユーロ危機だ。そして、14年1月には、アルゼンチンやトルコからの資金流出が起こり、通貨が急落した。これらの新興国に流れ込んでいた資金が、アメリカの金利上昇を見込んでアメリカに逆流しているのだ。中国、ブラジル、インド、インドネシア、タイ、トルコ、ロシア、南アフリカ共和国で株価が下落した。ここから流出した資金は、アメリカに流入してドル高を引き起こす。

なお、10年から12年夏ごろまで続いた南欧諸国からの資金流出は、12年9月のECB（欧州中央銀行）による南欧国債の無制限購入の決定を受けて縮小した。何らかのきっかけで、再び流出に転じる可能性は考えられなくはない。ギリシャの政治情勢が不安定なので、ユーロ危機が再燃する可能性は否定できない。

実際、ギリシャの10年国債利回りは上昇している（14年8月には5％台だったが、15年1月には一時10％を超えた）。これは、ギリシャの政情不安を反映したものだ。

しかし、イタリア、スペインの国債利回りが低下していることに注目すべきだ。スペイン10年国債の利回りを中期的に見ると、12年夏には7％を超えていた。しかし、その後継続的に低下し、14年11月下旬からは2％を下回る水準になっている。15年1月に一時的に上昇したが、すぐに元の水準に戻り、1・5％程度の水準になった。ユーロ危機当時とは比べ物にならないほど低い水準だ。イタリア10年国債もほとんど同じ推移だ。12年夏には6・5％程度だったが、その後1・6％程度になった。これは、10年から12年ごろまでのユーロ危機の時期とは明らかに異なる状況である。

11年、12年ごろには、QE3で膨れ上がっていた投機資金が南欧国債やヨーロッパの住宅投資から逃避し、セイフヘイブン（安全地域）とみなされた日独米に流れ込んだ。それは、日本では円高を引き起こした。

なお、15年1月、ECBが初の量的金融緩和を決定した。ユーロの対ドル相場はすでにかなり下落しているが、今後さらにユーロ安が進む可能性がある。また、ユーロの対円相場も下落する（円高になる）可能性もある。

新興国の経済混乱は、日本には貿易を通じて影響が及ぶだろう。これまでも、円安が進行したにもかかわらず、日本からの輸出が増加しなかった。その状態が続くか、あるいはより顕著になるだろう。

米金融緩和終了の日本経済への影響

米金融緩和終了で日本が受ける影響は、円安の進行だ。アメリカの金利が上昇すれば、日米金利差が拡大する。したがって、日本から資金が流出する。その結果、円安が生じる。ただし、ここ数年そうであったように、円安になっても貿易赤字は解消せず、物価が上昇するだろう。

名目金利が上昇する可能性も否定できない。すると日本でも資産価格が下落するだろう。影響はアメリカより日本のほうが大きい可能性がある。なお、ユーロの反応を考えると、事態はもっと複雑になる可能性もある。２０１３年5月には、円レートはほとんど動かず、金利が上昇した。そして、株価が下落した。このときの反応がさらに大きく生じる可能性がある。

金利上昇は、国債の利払い費を増加させる。問題は、日本の経済構造（とくに財政構造）が「低い金利」という条件に適合してしまったことだ。それから脱却を強いられると、きわめて大きな調整が必要とされる。「異常な低金利時代からの決別」という課題を考えると、最も準備ができておらず、最も大きな摩擦が生じるのが日本なのである。この問題については、第7章で検討する。

これに対応するため、日本銀行が国債購入をさらに拡大することも考えられなくはない。しかし、国債購入が順調に進む保証はない。しかも、金利が低下すれば、金利差がさらに開いてしまい、大規模な円キャリー取引が生じる可能性もある。

アメリカの金利が今後上昇することはあっても、低下する可能性はあまりない。そうであれば、円安基調は続くようにも思える。しかし、事態はそれほど簡単ではない。なぜなら、第1に、マーケットはすでにこれを織り込んでおり、それを為替レートに反映させているからだ。金融市場では、将来生じることを市場が予測して市場価格に織り込むという現象が生じる。このため、実際に生じたことが予想と異なると、市場価格は再調整する。例えば、緩和政策の縮小が予想より緩やかであれば、縮小が進められているにもかかわらず金利が下落し、円高が進むことがありうる。このように、現実のデータと対応づけるのは難しい。今後の為替レートは、いまでは予測できない金利差の動きによる。どの程度の金利差をマーケットが織り込んでいるのか分からないので、将来の為替レートも分からないのである。

第2に、日米金利差が拡大したとはいえ、06年ごろの4%を超える差に比べればかなり小さい。これが大規模な円キャリー取引を引き起こすほどのものであるかは疑問だ。

原油価格下落の基本的原因は米金融緩和策の終了

2014年の秋以降、原油価格が下落している。原油価格の長期推移を見ると、1980年代後半から99年後半まで、1バーレル20ドル程度でほとんど変化がなかった。この間に欧米経済は空前の繁栄を経験した。しかし、2005年ごろから、供給減少を伴わない原油価格の高騰が始まった。05年に50ドルを超え、08年に100ドルを超えた。これは、「第3次オイルショック」と呼ばれることもある。中国など新興国の需要が増えたからと言われたのだが、長期的なトレンドから言えば、このときの上昇のほうが例外的だ。

その後、リーマンショック後の08年9月下旬ごろからわずか2カ月で、原油価格は半分程度にまで落ち込んだ。しかし、11年ごろに再び100ドルの水準に復帰した。そして、14年秋からの大暴落だ。

原油価格下落の原因として、シェールガス革命、中国製造業の成長鈍化、サウジアラビアの減産回避、等々が指摘される。これらは、原油の実需給に関するものだ。しかし、原油価格は、10年以降90ドルを超え、100ドルになっていた。08年7月に140ドルになったことに比べれば低いが、長期的水準より高い。1980年代後半から90年代は、20ドル程度だったし、2000年代前半には、上昇はしたものの、50～60ドル程度だった。10年以降の価格上昇は、実需の増加では説明できない。

基本的な理由は、世界的な投機資金の動きが変わったためだろう。08年に原油価格が急上昇したのは、それまで証券化商品に投資されていた投機資金が、原油などのコモディティに移動してきたからだ。そして、今回の原油価格下落は、アメリカの金融緩和政策の終了によって、投機資金が原油から引き揚げられた結果だと解釈できる。

現在の水準は、02年ごろからの上昇トレンド（これは、世界的な需要の増加によるものだろう）に乗っている。つまり、長期的なトレンドからすれば、決して低過ぎるわけではない。そうだとすると、低位安定が続く可能性がある。

3 インフレ目標を撤廃すべきだ

日本経済にプラスになる事態を日銀が打ち消そうとする

２０１４年10月の全国消費者物価指数は、生鮮食品を除く総合指数（コア指数）で対前年同月比上昇率が０・９％となり、消費税増税後初めて１％割れとなった。なお、ここでは、消費税増税による物価の押し上げ要因（日銀の試算によると、４月は消費税転嫁が遅れるため１・７％ポイント、フル転嫁をした場合では２・０％ポイント）を除いている。

原油価格の下落は、ガソリン、灯油、電気料金などの値下がりをもたらしている。アメリカのガソリン価格は、ガロン当たりで14年夏には３・６ドル程度であったものが、15年１月中旬には２・２ドルにまで下落している。約67％の水準まで下落したわけだ。

日本でもガソリン価格は下がっている。レギュラーで見ると、14年夏の１５８円程度から15年１月の１３３円程度まで、約84％の水準に低下した。消費税の影響を除去すれば、約８割下落したことになる。アメリカほどの下落にならない一つの理由は、日本のほうが税負担が重いからだが、円安の影響もある。

なお、ガソリンは消費者物価指数でのウエイトは1万分229なので、ガソリン価格が2割下がれば、消費者物価が0・4％ほど下がることになる。

日本銀行は、13年4月の異次元緩和導入時に「2年程度の期間を念頭において消費者物価の対前年比上昇率を2％にする」との目標を掲げているが、原油価格低下によって、この目標は遠のく。企業や家計にとって望ましい変化を日銀だけが喜べない事態となっている。

日銀は、このため、追加緩和を行なった。日本経済にとってプラスになる事態を打ち消そうとするのは、誠にもって奇怪な事態だ。仮にそれによって消費者物価上昇率が2％を超えたところで、経済にはなんらプラスの影響はない。しかも、次項で見るように、2％目標の達成自体がほぼ不可能と考えられるのである。

輸入物価不変なら、15年度の平均消費者物価上昇率は0・88％

以下では、今後の消費者物価指数伸び率の予測を行なおう。

為替レートの円安率、輸入物価指数伸び率と消費者物価指数伸び率の推移は、図表2－1に示すとおりだ。これらの間には、強い相関がある。為替レートと輸入物価指数は、東日本大震

図表 2-1　為替レートの円安率、輸入物価指数伸び率と消費者物価伸び率

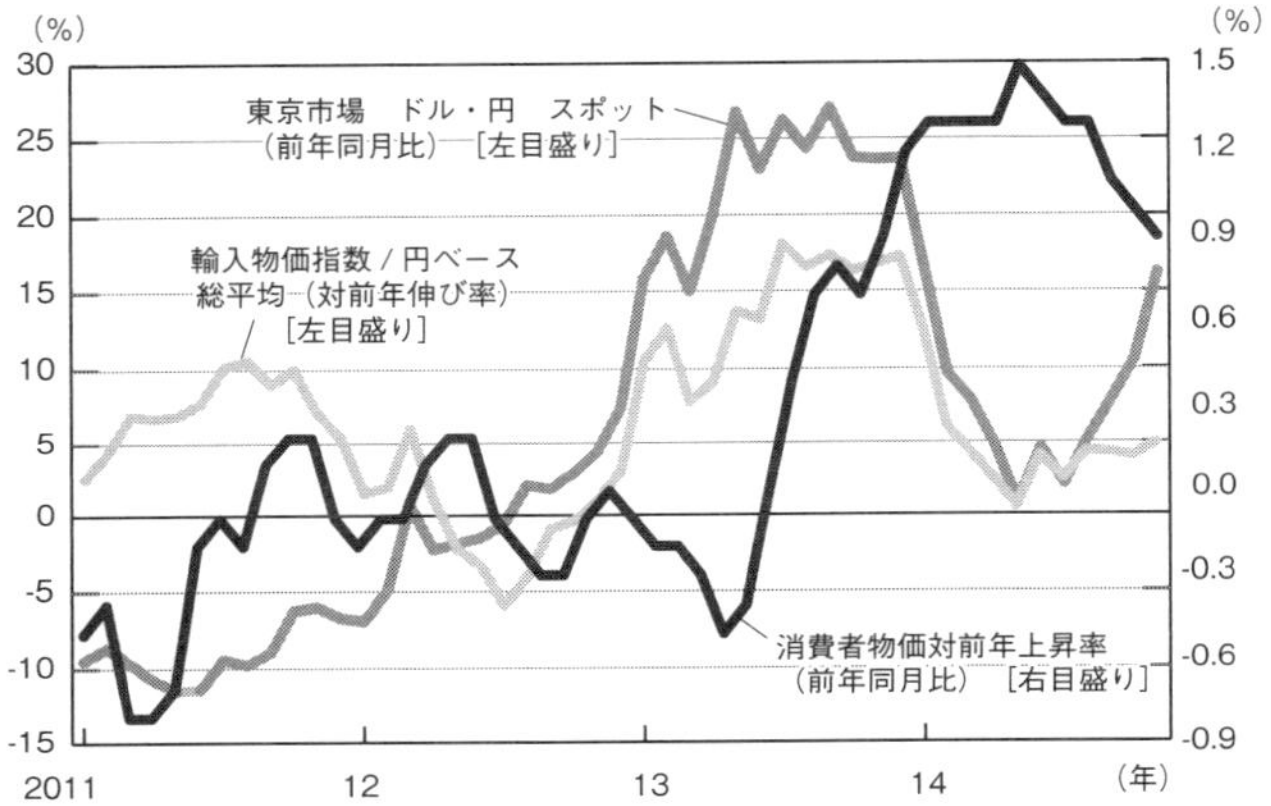

(注) 消費者物価指数は生鮮食品を除く総合。消費税の影響を除く。

災で急激な火力発電シフトが起きて発電用燃料の輸入が急増した２０１１年を除けば、きわめて強く相関している。

輸入物価指数と消費者物価指数の間にも相関がある。ただし、11年ごろには、やはり発電用燃料の輸入に関連して相関が崩れている。また、輸入物価指数の変化が消費者物価指数に及ぶには、6カ月程度の時間遅れがある。これは、転嫁に時間がかかるからだ。

図表2-2には、13年1月以降の消費者物価指数(生鮮食品を除く総合。消費税の影響を除いたもの)と、6カ月前の輸入物価上昇率の10分の1を対照して示す(例えば、14年10月のところには、同年4月の輸入物価上昇率の10分の1が示してある)。

6カ月前の輸入物価上昇率の10分の1は、現

図表 2-2　消費者物価指数と6カ月前の輸入物価上昇率

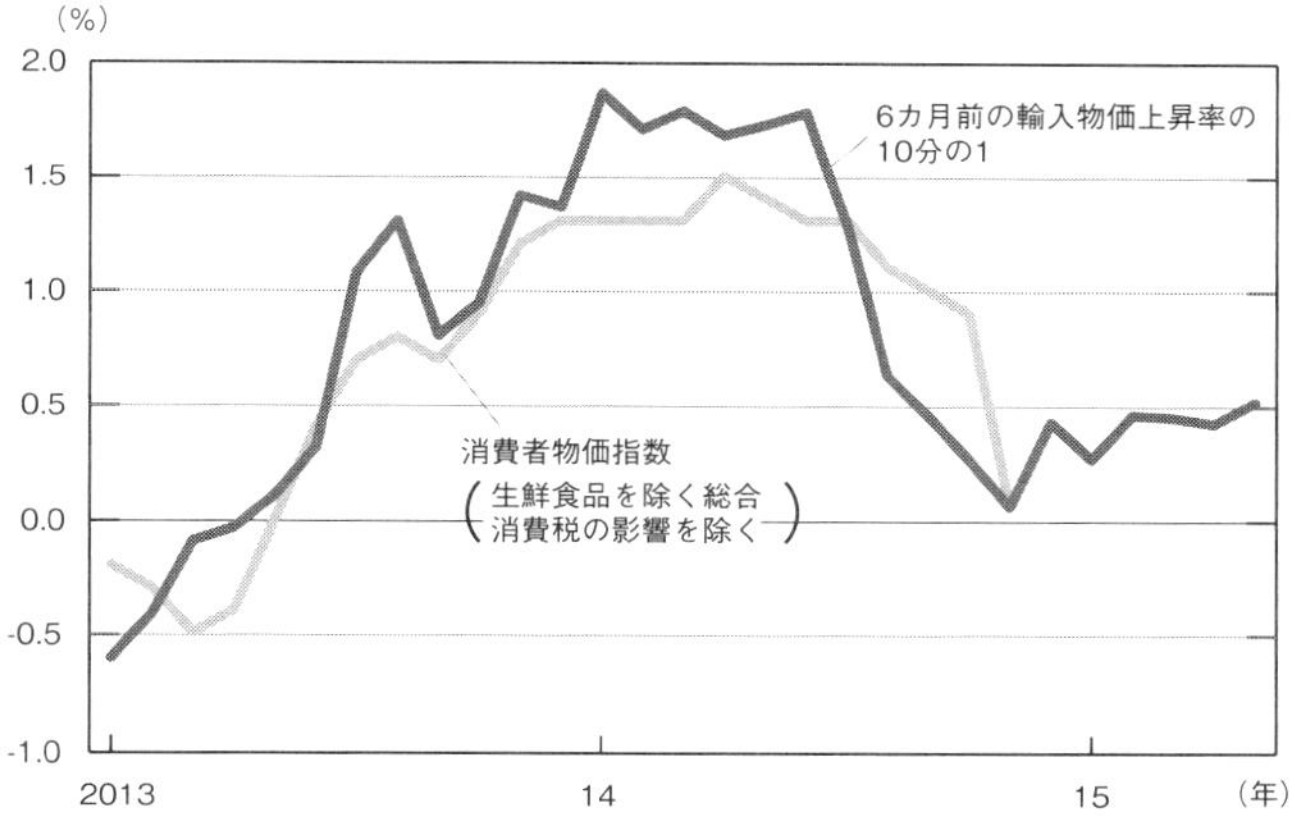

実の消費者物価上昇率をかなりうまく説明している。すなわち、13年春にプラスに転じ、秋には1％を超え、14年の前半にピークに達したが、14年の秋ごろから上昇率が低下したことなどを説明している。

そこで、以下では、「6カ月前の輸入物価上昇率の10分の1」によって消費者物価上昇率を予測することにする（なお、ドル建てのガソリン価格の変化は、ほぼ時間遅れなしに国内消費者物価に影響する。ただし、前述のように、そのウエイトはさほど大きくないので、ここでは無視することとした）。

原油価格や為替レートが分かれば、その後の輸入物価指数は予測できる。さらに、6カ月のタイムラグがあるので、6カ月後の消費者物価上昇率は、輸入物価指数の実際のデータと推計

図表 2-3　消費者物価指数対前年同月比の予測（基準ケース）

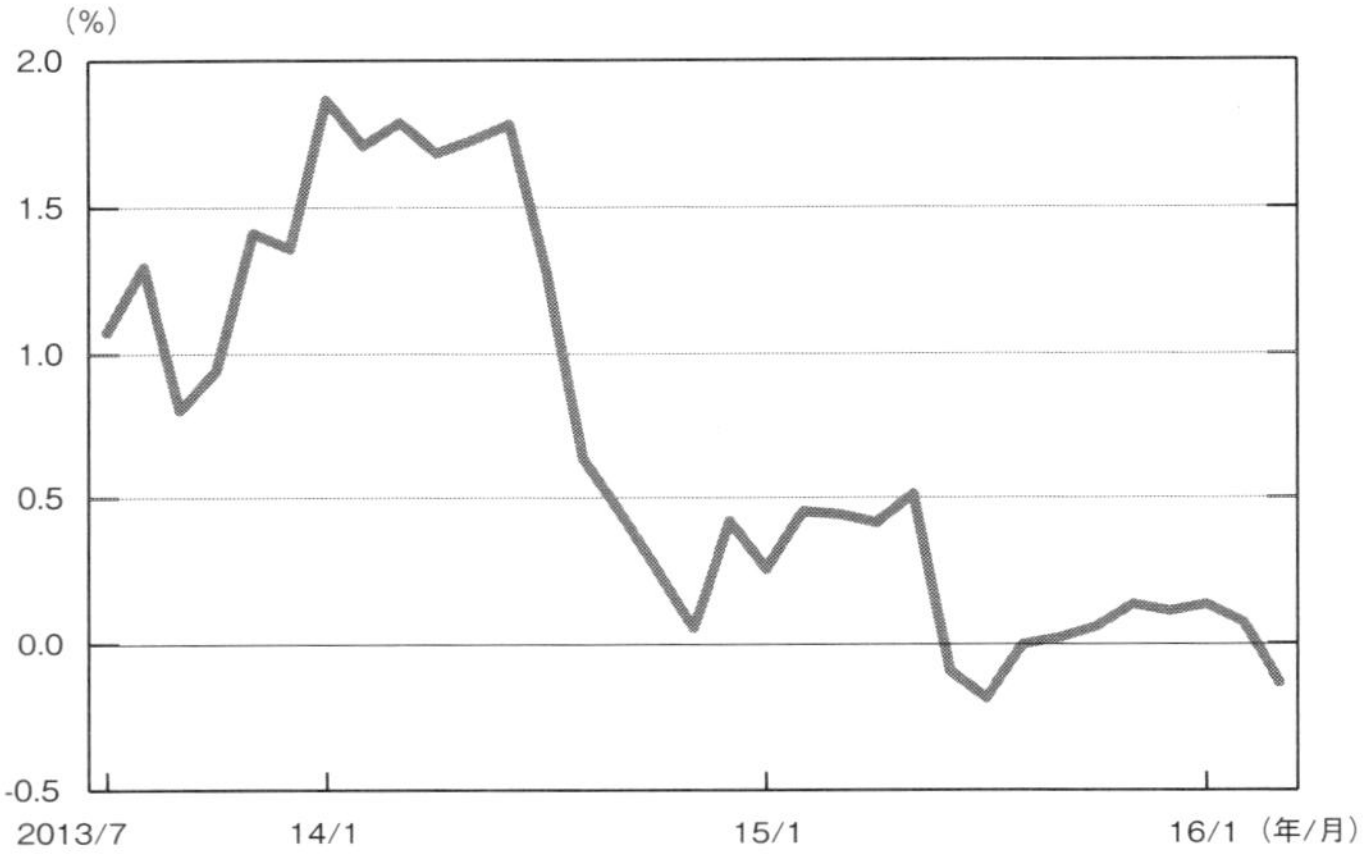

値を用いてかなり正確に予測できる（図表2－2参照）。

この方法で予測すると、15年4月の対前年比消費者物価上昇率は0・41%だ。すなわち、13年4月に設定した「今後2年間で消費者物価上昇率を2%にする」という目標は達成できない可能性が高い。

その後の消費者物価がどうなるかは、今後の為替レートと原油価格の推移による。最初に、基準ケースとして、輸入物価指数が14年12月の値から不変である場合を考えよう。この場合の結果は、図表2－3のようになる。

15年5月ごろまでは対前年比0・5%近い値が続くが、6月ごろから下落し、マイナスになる月もある。15年度中に2%を超えることはない。15年度中の平均伸び率は、0・88%にとどまる。これが変わるのは、円安がさらに進むか、原油価格が上昇する場合だ。

140円まで円安が進んでも、2％の伸びは達成できず

そこで、代替シミュレーションを行なおう。まず、円安が進む場合を考えよう。現実の円ドルレートは、2014年9月初めの1ドル105円程度から12月初めの120円まで、3カ月で15円円安になった。将来もこのペースでの円安が進み、15年4月の円レートが1ドル140円まで円安になる場合を考える。なお、原油価格は、14年12月中旬の1バーレル67・18ドルのままであるとする。

輸入物価指数の対前年同月比は、14年12月にはマイナス0・96％にまで落ち込んだが、その後上昇し、15年3月以降は二桁の伸びとなる。これは、13年5月から14年1月までと似た状況だ。消費者物価上昇率の推移は、図表2－4に示すとおりだ。15年7月から上昇し始め、10月以降は1・5％を超える。しかし、2％には至らない。15年度の平均上昇率は1・13％である。

もう一つの代替シミュレーションとして、原油価格が上昇する場合を考えよう。具体的には、原油価格が12月中旬の1バーレル67・18ドルから、15年4月に90ドルになる場合を考えよう。このとき、輸入物価指数は、15年4月には、14年12月の1・10倍になる。12月の輸入物価指数は127・8なので、4月は141・0だ。輸入物価指数が4月以降は二桁の伸びとなる。

図表2-4　代替シミュレーション
（15年4月の円レートが1ドル140円にまで円安になる場合）

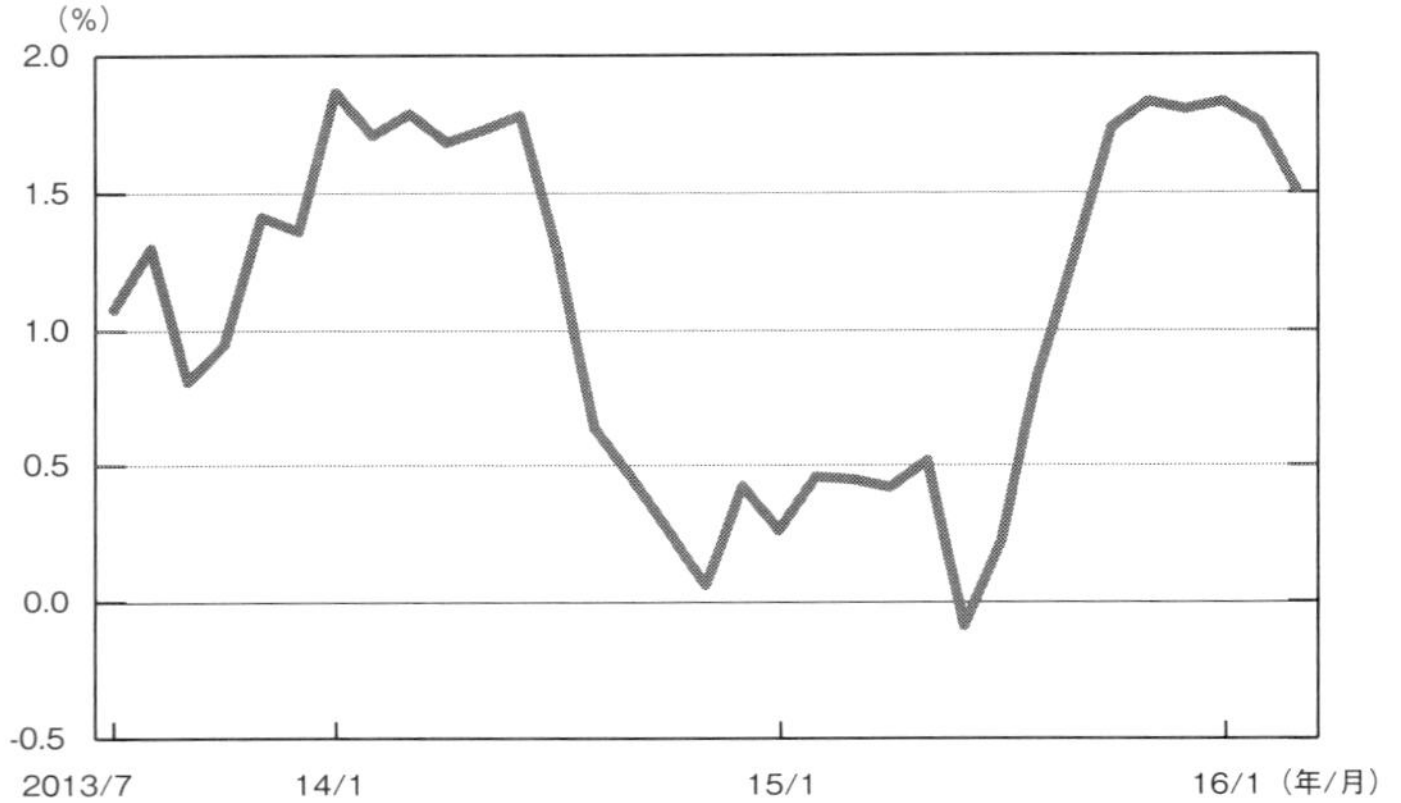

消費者物価上昇率は、図表2－5のとおりだ。7月から上昇し始め、10月以降は1％を超える。しかし、2％には至らない。15年度の平均上昇率は0・74％にとどまる。

コストプッシュか需要プルかが問題

以上のことを背景として、「原油関係を除外して目標値を考えるべきだ」との考えが提示されている。そうした指数の動きを分析するのは、もちろん有意義であり、必要なことだ。しかし、それをもって目標不達成の言い訳にするのはおかしい。目標が達成できないからといって目標値自体を変えてしまうのでは、そもそも目標を立てた意味がない。

仮に原油関係を除外するなら、円安による物価上昇分も除外すべきだ。とりわけ、円安に

図表 2-5　代替シミュレーション（原油価格が1バーレル90ドルになる場合）

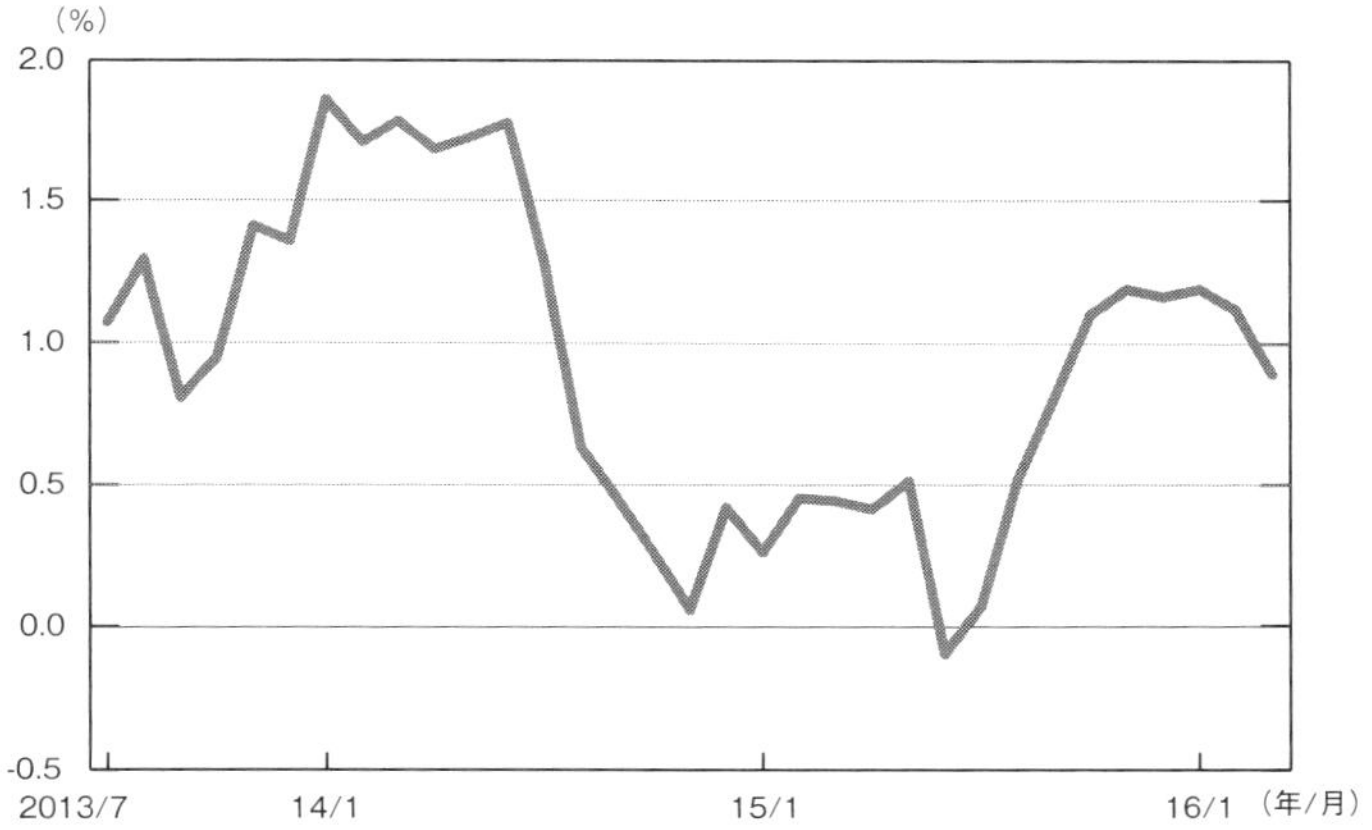

よって発電用燃料の輸入価格が上昇し、そのために引き上げを余儀なくされてきた電気代は除外すべきだ（電気代はこれまで消費者物価上昇に大きく寄与してきた。２０１４年10月では、対前年比５・２％の上昇で、寄与度は０・20％）。

ただし、問題は、このような些細な技術論ではない。本当に検討すべきは、「２％目標を達成できるかどうか」ではない。「そもそも、インフレ目標を達成することに意味があるのか？」ということだ。あるいは、「物価上昇を経済政策の目標にするのが正しいかどうか？」ということである。

以下では、この問題について考えよう。

この問題を考える場合、つぎの２つを区別する必要がある。

（1）「デマンドプル・インフレ」。これは、経済活動が拡大して総需要が拡大する結果として生じる物価上昇である。経済活動の拡大は望ましいことだから、デマンドプルで穏やかなインフレが生じるのは望ましいことだ。その意味で、これは「良いインフレ」と言える。

（2）「コストプッシュ・インフレ」。これは、外的な要因によって生産コストが上昇するために生じる物価上昇だ。円安や原油価格上昇によって引き起こされる物価上昇は、コストプッシュである。後で述べるように、労働力の供給減によって賃金が上昇する場合もそうだ。デマンドプルが需要サイドの要因であるのに対して、コストプッシュは供給サイドの要因だ。コストプッシュ・インフレが生じると、産出高は減少する。したがって、これは「悪いインフレ」だ。

このように、物価を上昇させる要因が問題である。この2つを区別せずに、インフレ率だけを問題にするのは誤りだ。

「インフレ率を高くしたい」というのは、インフレが「良いインフレ」、つまりデマンドプルであることを前提にしたものだ。しかし、実際に生じているインフレの多くは、デマンドプルではなく、コストプッシュだ。1970年代以降の日本において、消費者物価が顕著に上昇したのは、原油価格の上昇か円安が生じたときだ。経済活動が拡大したときではない。

最近の2年程度の間に起きていることも、そうである。円安によって原材料価格が値上がりし、それが製品価格に転嫁されて消費者物価が上昇している。これによって家計の実質所得が減少し、実質消費が減少している。それが経済成長率を押し下げている。これは、望ましくない物価上昇だ。

原油価格の下落は供給面の変化だが、コストプッシュと逆向きの動きである。それによって生産コストが低下し、企業の利益が増える。また、消費者物価指数の上昇率が低下して、家計の実質所得が増え、実質消費が増える。これは、経済を拡大させるという意味で、望ましい変化である。

それにもかかわらず、日銀はインフレ目標そのものにこだわり、追加緩和を行なって円安を加速させ、望ましくないインフレを加速させようとしている。目標に自縄自縛になって、国民を貧しくしようとしているのだ。これは、本末転倒以外のなにものでもない。

コストプッシュは望ましくないインフレ

デマンドプル・インフレとコストプッシュ・インフレを判別するには、産出高を見ればよい。デマンドプルの場合は産出高が増えるが、コストプッシュは産出高を減少させる。すでに述べたように、この2年間程度の円安によって経済成長率がマイナスになっている。これは、需要増大によるインフレではなく、コストの上昇であるからだ。

以上で述べた区別は、賃金についても当てはまる。「賃金が上がればよい」と言われる。経済活動が活発化し、労働に対する需要が増大して賃金が上がる場合には、確かにそうである。これは、デマンドプルによる賃金上昇だ。

しかし、今後に予想されるのは、生産年齢人口の減少で労働供給が減ることによる賃金上昇だ。これは、コストプッシュであり、望ましくない。

ここ1年程度の間に、労働市場の条件は大きく変わった。それは、有効求人倍率が1を超えたことに端的に表れている。多くの人は、これを「雇用条件の改善」と捉えている。しかし、第4章の1で見るように、有効求人倍率の上昇は、「求人の増加」という需要面の要因だけでなく、「求職の減少」という供給面の要因によってももたらされてきた。最近では後者の要因のほうが強い。つまり、労働供給の減少は、すでに顕在化しているのである。今後は、供給減要因がさらに強くなる。これは、コストプッシュの賃金上昇を引き起こす可能性が高い。つまり、賃金が上がるのは、常に望ましいことではないのだ。

この場合にも、賃金上昇率それ自体が重要なのではなく、原因が重要である。就業者数が増加するか減少するかが重要なのだ。産出高が増大する結果として労働に対する需要が増え、マイルドな賃金上昇があるのが望ましい。しかし、今後起きるのは、就業者数の減少を伴う賃金上昇だ。

政府は、春闘など賃金決定過程に介入しようとしている。しかし、市場メカニズムで決まるべき賃金決定に政府が介入すれば、市場を歪め、結局は産業力を弱めることになる。

4 出口のない日本の金融緩和

円安に対処する必要がある

本来であれば、円安は輸出を増大させ、ＧＤＰを増大させるはずだ。しかし、第1章の4で見たように、そうしたプロセスは生じていない。円安によって輸出企業の利益が増大し、株価が上昇しているのは事実だ。しかし、輸出数量が増加しないので、実体経済には影響を与えていない。

現実には逆に、消費者物価を引き上げ、雇用者報酬の実質値を下落させることによって実質消費を抑制している。それによって実質経済成長率が低下しているのである。

この状況を変えるためにまず必要なのは、円安を食い止めることだ。なぜなら、消費者物価上昇の大部分は、円安による輸入物価の上昇によって引き起こされているからだ。

もっとも、為替レートは政策当局が自由に動かせるものではないため、円安の阻止も容易ではない。しかし、最近の為替レート変動は投機による部分が大きいので、アナウンスメント効果を利用することができるだろう。

まず、「デフレから脱却すれば経済が活性化する」との考えは間違いだと認める。そして、物価上昇率2%の目標は取り下げるべきだ。為替レートや原油価格の動向で決まる物価指数を目標にしたところで、なんの意味もない。

つぎに必要なのは、円安への対症療法である。とくに重要なのは、電気料金の引き下げである。円安の進行そのものを食い止めるのは難しいが、それによって引き起こされる電気料金の引き上げに対処することは不可能ではない。

物価上昇は、エネルギー価格、とくに電気料金について顕著だ。消費者物価指数（全国）で見ると、電気代は、2012年7月の108・3から14年7月の129・3まで、19・4%上昇した。この指数は、04年ごろ以降、08、09年ごろを除けば、11年中ごろまでほとんど100程度であった。その水準と比べれば、3割程度上昇していることになる。燃料費調整制度があるので、円安による燃料費の上昇は、これまでもほぼ自動的に料金に転嫁されたし、今後もそうなる。電気料金は、生活と産業活動のすべての側面に関連するので深刻な問題だ。

そこで、法人税を増税して財源を調達し、これで電気料金の引き上げを抑制することが考えられる。円安は輸出企業を中心として、企業の利益を棚ぼた的に増大させた。それに課税して電気料金を引き下げるのは、所得移転の補正という観点からも重要な意味を持つ。

ただし、これは国内の所得分配の調整であり、対症療法だ。日本全体として貧しくなるのを防ぐことはできない。本当に必要なのは、円安そのものを食い止めることである。

金融緩和からの出口があるか？

円安を止めるには資本流出を抑える必要があり、それには日本の金利が上昇する必要がある。そして、そのためには金融緩和の停止、すなわち日銀による国債購入の停止、さらには保有国債の売却が必要だ。つまり、アメリカに追随して金融緩和から脱却する必要がある。

ただし、金利暴騰の引き金を引かないよう慎重に行なう必要がある。現在の異常な低金利は日銀の国債購入の結果であるため、これを停止すれば、金利が一挙に暴騰する危険がある。これをコントロールしながら国債購入を停止し、金利を徐々に正常化していくのは、かなりの技量を要する難しい課題だ。

問題はそれだけでない。日銀が保有する国債の問題がある。2001年から開始された量的緩和において、日銀保有国債は増加したが、06年に量的緩和策が停止されると短期間で減少した。これは、日銀が保有していた国債の残存期間が短かったため、短期間のうちにそれらが償還されたからだ。

しかし、異次元金融緩和以降は、保有している国債の残存期間が長くなっているので、そうしたことにはならない。仮に市場に売却しようとすれば、市場価格を暴落させる危険がある。暴落しなくても、日銀は売却損を記録する可能性が高い。現在は異常に金利が低いので、異常に高い価格で購入していることになる。したがって、将来売却する場合には、購入価格より市場価格が低くなっている可能性が高いのである。

「日本売り」を食い止めるには生産性の向上が不可欠

金融緩和からの脱却が難しいために、円安がさらに進行する危険がある。それを放置すれば、日本人にとって、資産を円で持つことがリスクになる。それは、資本逃避を引き起こす可能性がある。つまり円からの逃避であり、日本売りだ。これは円安を加速させる。この動きが起これば、非常に危険だ。これを食い止めるには、どうしたらよいだろうか?

まず第1に必要なのは、財政再建を進めることだ。なぜなら、財政再建が進まなければ、中央銀行による財政ファイナンスに頼らざるをえなくなり、その結果、将来インフレがもたらされると予期されるからだ。

日本では、大量の国債購入は続いているが、まだこの段階には達していない。しかし、財政再建を日本政府が放棄したとの認識が広がると、そうした予想が広がる可能性がある。これを抑えるのに必要なのは、一つは、景気動向によらず、消費税率引き上げを予定通りに行なうことだ。

中長期的な観点から必要とされる経済政策の中核は、社会保障の改革だ。消費税増税延期後に残されているのは、財政赤字である。財政再建目標はさらに遠のき、日本の財政に対する信頼が失墜する恐れがある。

これを防止するために必要なのは、社会保障の改革だ。「社会保障と税の一体改革」が謳《うた》われたものの、消費税増税が頓挫《とんざ》し、他方で社会保障改革は手付かずのままだ。「成長」というばら色の幻想を振りまくのではなく、社会保障の見直しという地道な努力に注力すべきである。年金については給付の削減、医療については患者自己負担の引き上げが必要だ。これらは誠に不人気な政策であるが、制度の正常化のためには不可欠である。これらについて、第5章、第6章で論じることとする。

いま一つ必要なのは、生産性の高い産業をつくることだ。実質実効為替レートは1990年代中ごろをピークに、現在に至るまで低下しているが、この変化は、日本の平均賃金の推移と似ている。毎月勤労統計調査の賃金指数（現金給与総額、調査産業計）を見ると、97年の111・9がピークであり、それ以降は傾向的に低下している（2013年は99・9）。ほかにも似た長期的傾向を示す経済指標は多い。例えば、所得税や法人税の税収も、80年代末から90年代の初めがピークで、それ以降は減少傾向にある。平均株価も、80年代末がピークで、それ以降は大局的には低下している。

これらから考えられるのは、日本の購買力の低下は、日本の産業の生産性低下によるということだ。それに対する根本的な解決は、日本の産業の生産性を上げることしかない。これは、金融政策では対処できない問題である。これこそが現在の日本で最も強く求められる経済政策だ。これについては、第8章で論じることとしよう。

第3章

実体経済はなぜ落ち込む？

日本経済は、消費税増税前の駆け込み需要とその反動によって大きな変動を経験した。消費支出が落ち込んでいる原因としては、消費税率の引き上げ、駆け込み需要の剥落と反動が考えられるが、円安による消費者物価上昇の影響も大きい。

1 駆け込み需要の剥落と反動

14年1~3月期には駆け込み需要で成長率高まる

2014年1~3月期における経済指標は、かなり顕著な伸びを示した。実質GDPは、季節調整済前期比年率で5・8%増となった。内訳を見ると、実質家計最終消費支出が前期比年率で9・0%増だ。これは、1994年以降で最高の伸びである。

注目されたのは、実質企業設備(設備投資)が前期比年率で27・2%増という非常に高い値になったことだ。1~3月期の法人企業統計でも、設備投資の増加が確認された。すなわち、金融業と保険業を除く全産業の設備投資は前年同期比7・4%増で、12年4~6月期(7・7%増)以来、7四半期ぶりの高さとなった。

こうした計数を見て、設備投資が主導する経済成長が始まったとの見方があった。しかし、増加のうちかなりの部分は、消費税増税前の駆け込み需要によるものであり、傾向的なものではなかった。住宅投資や消費支出について駆け込み需要があることは、以前から指摘されていたが、設備投資についてもそうだったのである。

業種別に見ると、建設業の設備投資が前年同期比53・9％増という非常に高い値を示した。これは、駆け込み需要が建設業への需要を高め、さらに建設業自体の設備投資を前倒しさせたためだ。つまり、二重の意味で設備投資を増加させたわけだ。

こうして、設備投資は、それまでのトレンドから離れた上昇を示したのだ。機械受注も急激に増えた。

14年4～6月期の実質GDPは大きく落ち込んだ

２０１４年４月には、さまざまの経済指標が大幅に悪化した。１～３月期の計数は、経済の好循環が実現したためにもたらされたのではなく、一時的な高まりにすぎなかったのだ。これはあらかじめ予測されていたことだが、問題は、落ち込みが今後どの程度の期間にわたって継続するかだ。

２０１４年４～６月期の実質ＧＤＰの対前期比は、年率６・７％減となった。財貨サービス純輸出が伸びたため、ＧＤＰの落ち込みが緩和されている。ただし、純輸出のプラスの伸びは、輸出が増えたためでなく、消費が増えないので輸入が減ったためだ。国内民間需要だけを見ると、年率マイナス13・9％という大幅な減少だ。

経済の状態を捉えるには、伸び率だけでなく水準を見る必要がある。そこで、実質ＧＤＰ（季節調整系列、年率）の実額を見ると、14年4〜6月期は526・2兆円であり、13年4〜6月期の527・8兆円より減少した。「アベノミクスの効果で経済が成長した」と言われているのだが、1年前より低いレベルになってしまったわけだ。

14年1〜3月期と4〜6月期の平均を取ると、530・9兆円だ。これは、13年4〜6月期から10〜12月期までの平均523・4兆円より多いから、「駆け込みとその反動をならして見れば、ＧＤＰは増加している」と言えなくもない。

しかし、国内民需だけについて見ると、かなり違う姿になる。14年1〜3月期と4〜6月期の平均を取ると399・5兆円だ。これは、13年4〜6月期から10〜12月期までの平均389・5兆円より多いものの、2・6％ほど多いにすぎない。13年の経済成長率が高くなったのは、官需（公共事業）が伸びたからなのである。

なお、もう少し広い期間での比較を行なうために、13年4〜6月期から14年4〜6月期までの実質ＧＤＰの平均を取ると、529・5兆円だ。これは、円高期であった12年1〜3月期の522・3兆円をわずかに上回っているにすぎない。

「日本経済は円高によって低迷を余儀なくされた」と言われることが多いのだが、そうしたことはないのである。

そして、13年10～12月期から14年７～９月期の実質ＧＤＰの平均５２８・４兆円は、リーマンショック前のピーク（08年１～３月期の５２９・８兆円）には達していない。つまり、アベノミクスの効果が喧伝《けんでん》されたにもかかわらず、日本経済はいまだにリーマン前の状態を取り戻していないのだ。

なお、14年４～６月期には、実質民間企業設備（設備投資）の伸びも、マイナス17・６％と大きく落ち込んだ。

以上の状況を反映して、生産活動も縮小した。６月の鉱工業生産指数（10年＝１００、季節調整済）は、５月より３・４％低い96・６となった。

注目すべきは、鉱工業生産指数の低下は、消費税増税後に始まったものではないことだ。14年１月に１０３・９のピークになり、それ以降はほぼ継続的に低下したのである。６月以降も低下が続き、８月には95・２まで落ち込んだ。その後回復したが、11月の指数は97・９である。これは、13年７月ごろの水準である。

鉱工業生産指数の中期的な推移を見ると、リーマンショックで大きく落ち込んだが、10年初めに１００程度の水準まで回復した。東日本大震災で90を割り込んだが回復し、95～１００程度の範囲にあった。それが13年1月ごろから上昇が始まったのである。しかし、いまになって振り返ってみれば、これは、公共事業の増加や住宅投資の駆け込み需要などを反映したものにすぎなかった可能性が高い。そうした一時的な状況が終了し、元のトレンドに戻ったと考えることができる。

実質GDPは7〜9月期にさらに落ち込んだ

2014年7〜9月期の実質GDP（国内総生産）の対前期比成長率は、第1次速報でマイナス0・4％（年率マイナス1・6％）となった。第2次速報ではマイナス1・9％となり、第1次速報値より悪化した。これは、安倍晋三内閣の経済政策の失敗を明確に示すものだ。

法人企業統計による7〜9月期の設備投資額は、季節調整済前期比増加率で見て、全産業で3・1％、製造業は9・3％という高い伸び率だった。このことから、GDP第2次速報値は上方改定され、対前期比がプラスになるのではないかと期待されていた。しかし、その期待は裏切られたのである。

GDP統計の実質民間企業設備（設備投資）の対前期比年率換算値は、第1次速報のマイナス0・2％より悪化して、マイナス1・5％となった。

7〜9月期の実質GDPは、523・8兆円だ。これは安倍内閣発足直後の、13年1〜3月期の523・9兆円より若干少ない。つまり、一時的な需要の伸びによって13年のGDPが増えたものの、7～9月期には元の水準より低くなってしまったわけだ。

ただし、GDPの対前期比にそれほど大きな意味があるとは思えない。なぜなら、7～9月期の実質GDPの対前期比をマイナスにしている大きな要因は、実質在庫投資が前期比で約2兆円も落ち込んでいることだからだ。これだけで、実質GDPの落ち込み約2・5兆円の過半を占める。短期的な需要動向の予測で大きく変化する在庫調整の額自体に、それほど重要な意味はない。重要なのは、個々の需要項目の動きである。

14年7～9月期において落ち込みが激しかったのは、民間住宅である。7～9月期の実質成長率はマイナス 6・8％（年率換算でマイナス24・4％）であった。GDPに対する寄与度はマイナス0・2％だ。

公的固定資本形成（実質）はプラスの伸びになったものの、在庫投資はマイナス0・4％、民間企業設備はマイナス0・4％（年率でマイナス1・5％）となった。このように、経済は「好循環」とはまったく言えない姿だ。

2

2013年の高成長は一時的

成長の要因は駆け込み需要と公共事業

以上では、対前期比の計数によって、各四半期の経済動向を見た。つぎに、中期的なGDPの動きを見ることによって、2013年のGDP成長率がなぜ高かったかを明らかにしよう。13年の経済成長率が高かったのは事実だ。しかし、それは金融緩和で経済が好循環を始めたためだろうか？　そうではないことを以下に示す。

まず対前年同期比の推移を見ると、13年1～3月期以降の各期については図表3－1のとおりだ。ここで対前期比でなく対前年比を見るのは、そのほうが短期的変動に攪乱《かくらん》されない動きを見られるからだ（とくに14年の前半は消費税増税の影響があったので、対前期比で見ると、経済の動きがよく分からない）。また、安倍晋三内閣の発足は12年12月26日であるので、13年1～3月期以降の期間を見ることによって、安倍内閣の経済政策の評価ができるからだ。

図表3－1において、つぎの諸点が注目される。第1に、14年7～9月期の実質GDPの対前年増加率はマイナス1・2％であって、4～6月期のマイナス0・2％より悪化している。この

図表3-1　GDP各項目の対前年実質成長率

（単位：%）

	国内総生産（支出側）	民間最終消費支出	民間住宅	民間企業設備	公的固定資本形成	公的在庫品増加	輸出	輸入
2013年1～3月期	0.3	1.7	9.4	-2.0	-0.3	-998.0	-3.6	-0.1
4～6月期	1.5	1.8	6.8	-0.3	4.2	857.1	-0.2	0.5
7～9月期	2.4	2.5	8.6	1.4	13.2	-243.9	3.3	3.0
10～12月期	2.2	2.3	9.9	3.1	15.2	-142.9	6.9	9.0
2014年1～3月期	2.2	3.2	11.4	10.5	7.2	-118.2	9.1	14.6
4～6月期	-0.3	-2.8	-1.9	2.7	4.9	641.8	5.5	6.0
7～9月期	-1.2	-2.7	-12.2	1.8	1.1	-182.3	7.5	4.9

（資料）内閣府「国民経済計算」

ことは、景気の落ち込みが消費税増税による短期的なものだけではないことを示唆している。

第2に、需要各項目の中では、住宅がマイナス12・3％と、大きな減少となっている。この数字も、4～6月期のマイナス2％より悪化している。住宅投資は12年ごろから顕著に増加していた。これは消費税増税前の駆け込み需要（支出の前倒し）だったと考えられる。それが、剥落したのである。

第3に、公的固定資本形成は、対前年同期比がプラスだが、13年の伸び率が二桁を超えていたことと比較すれば、大幅に鈍化した。ただし、水準はまだ高い。したがって、今後水準が低下すれば、GDPはさらに落ち込む。

このように、13年の比較的高い成長率は、消費税増税前の駆け込み需要とバラマキ公共事業という2つの要因に支えられた一時的なものにすぎなかった。「経済の好循環」が起こったわけではなかったのである。

だから、いま生じているのは、実に単純なことだ。消費税増税前の駆け込み需要が消滅し、先食いされた需要が調整されているのである。そして公共事業の大盤振る舞いが終わったのだ。このため、GDPが元の水準に戻った。つまり、「宴が終わった」だけのことである。

成長を支えた一時的要因が消滅した

つぎに、中期的な期間について、GDPにおける需要各項目の推移を見ると、図表3-2に見るように、公共事業費の増加と消費税増税前の駆け込み需要による住宅投資の増加が成長の主因であったことが分かる。これらは一時的な成長要因である。それらが消費税増税後に元に戻った。つまり、14年4~6月期にGDPが大きく落ち込んだのは、消費税率引き上げの直接の効果というよりは、この2年程度の成長を支えた特殊要因が消滅したことの結果と考えられるのである。

後に述べるように、住宅需要が早期に回復するとは考えられない。また、公共事業の伸び率も低下している。したがって、仮に消費税率の10%への引き上げが取りやめになったとしても、それによって経済成長率が13年のような高い値になるとは考えられない。

図表 3-2　実質 GDP と各項目の実質額の推移

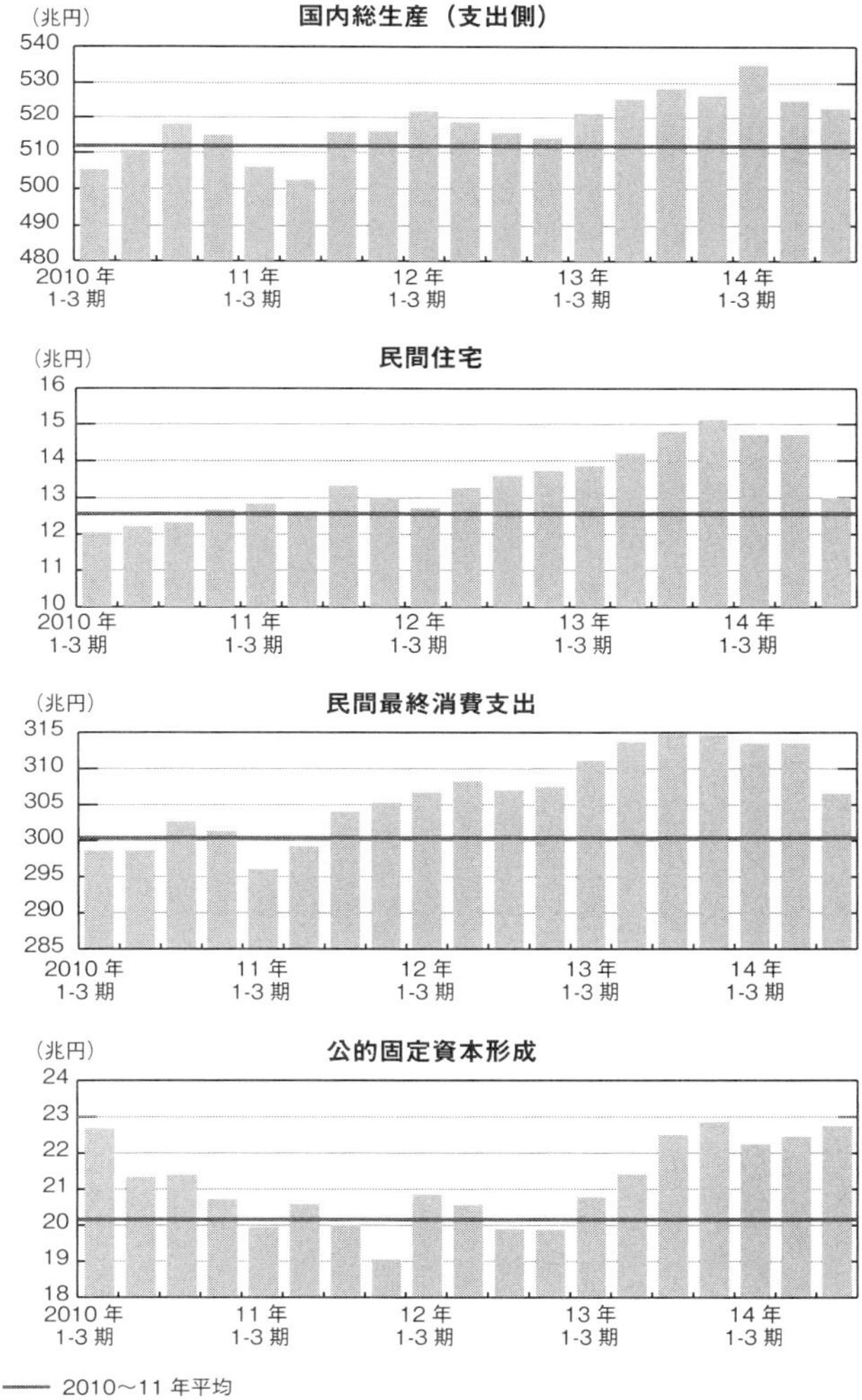

（注）―― 2010～11 年平均
（資料）内閣府「国民経済計算」

経済情勢の判断に関して留意すべき第2点は、13年を通じて実質経済成長率が徐々に低下したことだ。これは、円安のために消費者物価が上昇し、それが実質消費の伸びを下げたからである。消費税率を引き上げれば需要が減少することは否定できない。しかし、後に述べるように、実質消費は円安によっても抑制されている。消費税にばかり注目が集まっているが、円安による購買力の喪失も大きな問題だ。

しかも、消費税の税収は国内で使われて国民に還流するのに対して、円安がもたらす支出増は海外に流出することにも注意しなければならない。円安を抑制しても、輸出産業の利益増が抑制されるだけである。他方、消費税増税を行なわなければ、財政赤字が拡大する。それは、日本経済の長期的パフォーマンスに悪影響を与える。それを回避するには、歳出の削減や別の形での増税が必要になる。

3 消費税増税延期は正しい判断か？

支出を落ち込ませる3つの要因

消費税率の10％への引き上げについては、２０１５年10月に行なうことが法律で明記されていたが、これが1年半程度延期されることとなった。

もともと消費税の増税は、日本の財政が巨額の赤字を抱えていることから要請されていたものである。消費税を増税すれば、短期的には経済は落ち込む。それは不可避なことだ。しかし、長期的な観点から見れば、財政赤字の縮小はぜひ必要だ。この問題については、第7章で論じることとしよう。以下では、短期的な経済状況に与える影響から考えて、消費税増税の延期が適切かどうかを考える。

増税延期論の基礎にあるのは、「これまでアベノミクスはうまく機能してきたが、消費税増税で景気が落ち込んだ」との認識だ。つまり、「消費税を増税すれば、それによって支出の中長期的平均水準が永続的に落ち込む」との考えだ。

しかし、その効果がどれほど大きいかは、データを見て慎重に評価する必要がある。先に見たように、現実の需要落ち込みのかなりは、先食い効果の調整のためである。仮に税率引き上げによって需要減がこれまで以上に進行することがないのであれば、景気悪化を恐れて増税を延期するのは適切でない。したがって、支出の落ち込みの原因を探ることが必要だ。

一般に支出を落ち込ませる原因としては、原理的につぎの3つのものが考えられる。

（1）消費税増税による落ち込み

（2）消費税増税前の駆け込み需要の剥落と反動（需要前倒しの調整）

（3）円安による消費者物価上昇の影響

多くの議論は、（1）の効果のみを考えている。そして、14年4〜9月のＧＤＰ減少はこれによるとする。そして、「今後も消費税増税をすべきでない」と結論する。

消費税率引き上げが支出を減少させることは否定できない。しかし、（2）や（3）の効果もあるので、これらとの大きさの比較が必要だ。

（1）、（2）、（3）の相対的な大きさは、財やサービスの種類によって異なる。そこで以下では、まず住宅について検討し、つぎに消費について検討することとしよう。

住宅投資の調整は2年以上続く可能性も

住宅投資については、２０１４年度において、前記（2）の効果がきわめて顕著に発生した。それは、住宅支出は額も大きく、しかも将来にわたる住宅サービスの現在値が住宅購入時に一括して課税されるため、消費税率変更の影響が非常に大きいからだ。

住宅については、これまでかなりの駆け込み需要があった。それがこれまでの景気上昇の最大の原因であったわけだから、これがなくなることの影響は大きい。消費税の反動影響が最も大きいのは、住宅投資だ。実際、住宅投資は、２０１４年４〜６月期で対前期比年率34・３％の減となった。

ここで、先食い需要の大きさを、次のように評価してみよう。

実質民間住宅投資は、10年1〜3月期から12年1〜3月期までの期間には安定的で、四半期当たり平均で3.16兆円（＝a）であった（ここで用いる計数は、季節調整前原系列）。ところが、12年7〜9月期ごろから、安定的な趨勢《すうせい》から乖離《かいり》する増加が始まった。これは、消費税増税に対応する駆け込み需要と考えられる。12年4〜6月期から14年1〜3月期にかけての四半期平均は3・57兆円（＝b）となった。aとbの差は、0・41兆円だ。

これが8四半期続いたのだから、安定値からの乖離の合計は、この8倍、つまり3・30兆円だ。これが需要先食いの総額と考えられる。これは、安定期の投資額の1四半期分を超える。

これを調整するには、投資額が安定期の投資額の1割（0・32兆円）だけ減って2・84兆円（＝c）となった状態が10四半期続く必要がある。cは、bの79.6%だ。つまり、12年4〜6月期から14年1〜3月期までの期間の平均の8割程度の水準が、今後2年半続く必要がある。

このように、住宅投資の低迷は長期にわたって続かざるをえない。なお14年4〜6月期の実際の値（3・28兆円）は、調整に必要とされる額cより15・6%も多い。これは、住宅投資の本格的な調整が始まっていないことを意味するものだ。このことは、住宅投資について、前記（2）や（3）の要因は影響していないことを示すものと解釈できるだろう。

以上の検討から、つぎのことが言える。第1に、14年4〜9月期における住宅投資の減少は、これまで先食いしてきた需要の調整の結果である。したがって、消費税率の10％への引き上げを実施しようがしまいが、事態に大きな変化はなかったと考えられる。

では、税率引き上げを延期したことで、再び先食いが発生するだろうか？　先食い需要のほとんどは、14年3月までの間に終了していると考えられる。つまり、これまでの駆け込み需要の中には2％分への対応も含まれていたはずだ。したがって、今後新たに発生する駆け込み需要はあまりないし、その反動減もないと考えられる。

なお、以上の議論は、「10年1～3月期から12年1～3月期までの間の値が長期均衡値」との仮定に基づく。言うまでもなく、長期均衡値の評価いかんで結果は異なる。しかしここで仮定したようになる蓋然《がいぜん》性は高い。

それどころではない。日本の若年人口がすでに減少過程に入っていることを考慮すれば、ここで置いた仮定さえ、過大評価かもしれない。住宅投資の本当の長期均衡値は、それより少ない可能性は高い。

耐久消費財については駆け込み需要

つぎに消費支出について検討しよう。消費支出は、GDPの約6割を占める。その動向は、GDPに大きな影響を与える。したがって、消費支出がいかなる要因で減少しているのかを明ら

図表3-3　耐久財、半耐久財、非耐久財、サービスの推移

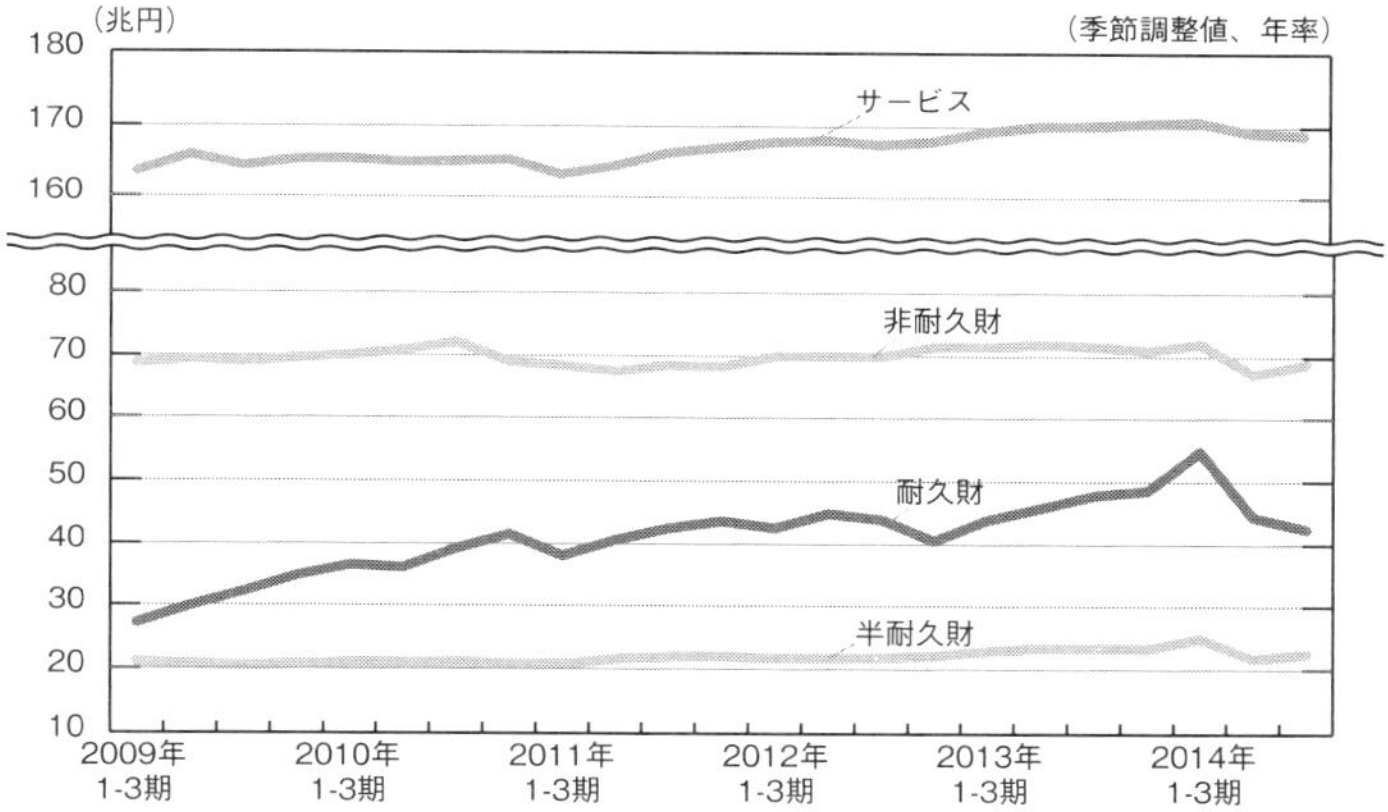

（資料）内閣府「国民経済計算」

かにするのは、政策判断において重要な意味を持つ。

これについては、消費の種類別に考える必要がある。そこで、実質家計最終消費支出を耐久財、半耐久財、非耐久財、サービスに分けて推移を見ると、図表3－3のとおりだ。

自動車、家電製品などの耐久消費財は、リーマンショック後から増加しているが、2012年10～12月期ごろから駆け込みで需要が増加している様子が見られる。そして、14年1～3月期に大きく増えた後、4～6月期に減少している。半耐久財についても、駆け込みの影響が若干見られる。

サービスについては、需要の前倒しは原理的に難しい。実際の推移を見ると、11年ごろまではほぼ一定だったが、11年後半から増加してい

図表3-4　実質雇用者報酬の推移

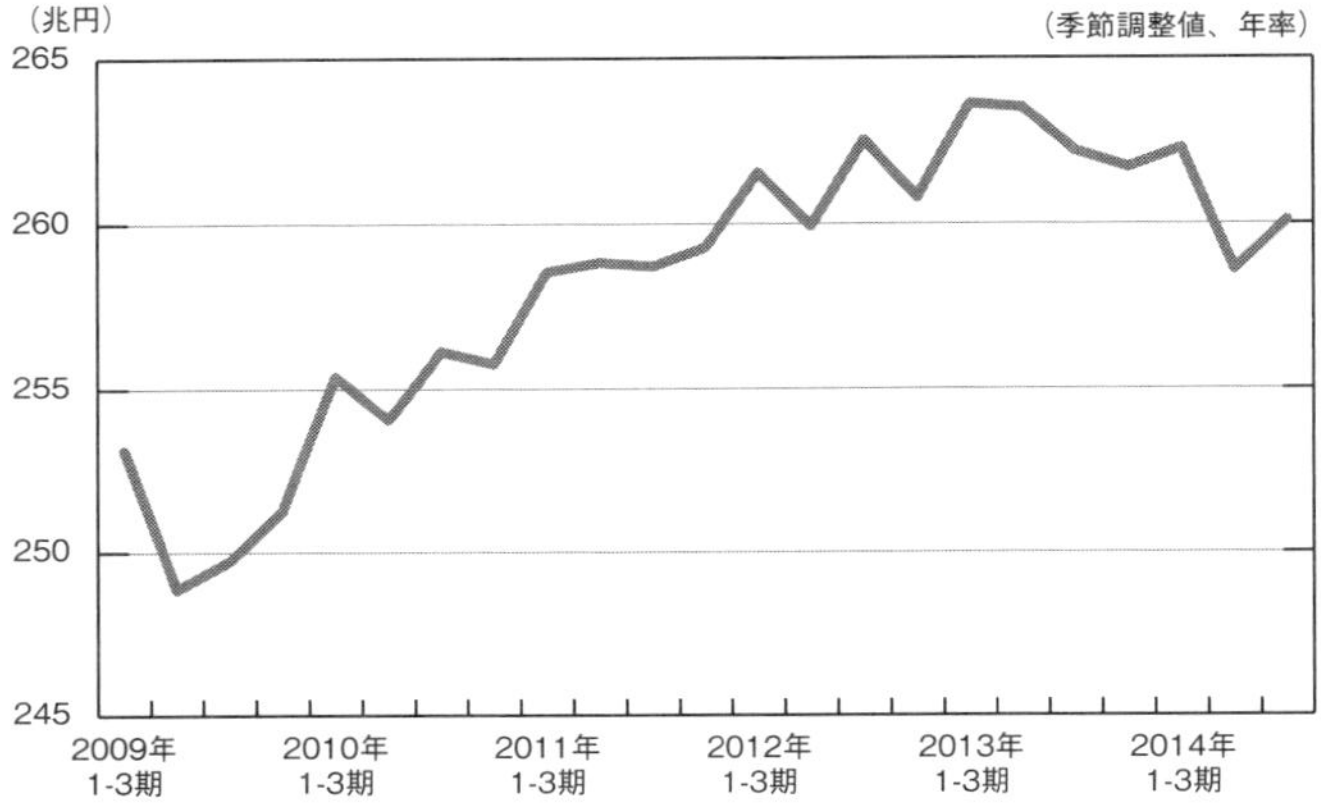

（資料）内閣府「国民経済計算」

る。これは、後述のように、実質雇用者報酬が増加したためと考えられる。

円安で実質報酬が頭打ちから減少に

消費について問題になるのは、前記（1）と（3）の相対的な大きさの評価だ。仮に（1）の影響が大きいとすれば、消費税率の今後の引き上げはすべきでないということになるだろう。それに対して（3）の影響が大きいとすれば、消費者物価上昇を引き起こしている円安をコントロールすることが重要ということになる。このように、（1）と（3）のいずれが主要な原因かの識別は、政策判断に大きな影響を与える。

以下では、円安による実質雇用者報酬の減少の影響は、消費税増税の影響より大きいこと、したがって、現時点で最も重要な経済政策は円

図表3-5　実質家計最終消費支出の推移

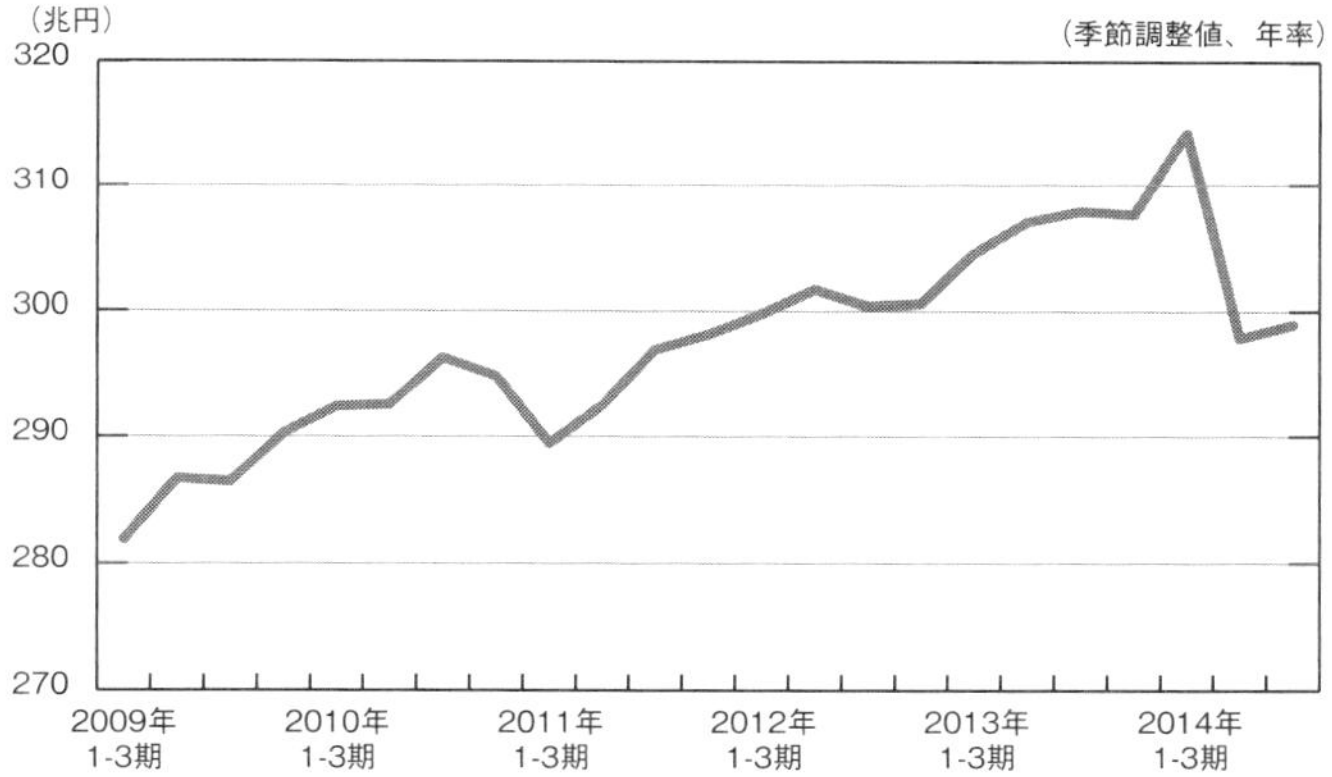

（資料）内閣府「国民経済計算」

安の抑制であることを示す。

図表3－4は、GDP統計における実質雇用者報酬（四半期・季節調整系列）の推移を示したものである。リーマンショックで落ち込んだ後、2013年1～3月期までは順調に増加してきた。

ところが、そこでピークに達した後、頭打ちになり、徐々に低下している。つまり、14年4月の消費税率引き上げ以前から減少しているのである。これは、円安によって消費者物価が上昇したためだ。4月に減少したのは消費税増税のためだが、それがなくとも、減少過程に入っていたことに注意が必要である。第1章の2では家計調査を分析したが、GDP統計の分析からも同じ結論が導かれるのである。

他方で、実質家計最終消費支出の推移は、図

表3―5に示すとおりだ。つぎの2点を除けば、リーマンショックで落ち込んで以降、両者は強く相関している。

第1は、東日本大震災のときだ。このときには、実質雇用者報酬はさして落ち込まなかったが、消費は落ち込んだ。第2は、13年後半以降だ。実質雇用者報酬は減少したのだが、耐久消費財が駆け込み需要で増えたので、実質消費は頭打ちになっただけだった。

これ以外の時点では、実質雇用者報酬が増えれば実質家計最終消費が増えるし、報酬が減れば消費が減る。他方で、前述のように、円安が実質雇用者報酬を減らしている。したがって、円安が実質家計最終消費を減らしているわけだ。第1章の2で述べたことは、このように確かめられる。

消費税の消費削減効果は0・9％未満

以上で述べたことは、消費税増税によって消費が削減されることを否定するものではない。2014年4月以降の消費の減少に、消費税増税の影響があることは否定できない。では、その大きさはどの程度だろうか？

実質家計最終消費支出は、2014年1～3月期から4～6月期の間に5・22％下落している。しかし、ここには、駆け込み需要の影響で1～3月期の値が通常より増大していることと、

４～６月期以降にその反動効果が生じていることの影響がある。こうした効果がない場合の消費削減率はどの程度だろうか？

それを見るには、実質家計最終消費支出のうち「サービス」を見るのがよい。なぜなら、これについては、消費を先倒しすることができず、したがって駆け込み需要やその反動はないと考えられるからである。データを見ると、14年１～３月期から４～６月期にかけての「サービス」の変化は０・89％だ。

ところで、これは消費税増税のみの影響を表していると考えられる。なぜなら、物価上昇は円安によっても生じているが、それはこの時点以前から、しかも徐々に生じているからだ。14年１～３月期から４～６月期にかけて大きく変化したのは、消費税の税率である。

他方で、日銀の推計によれば、消費税による物価上昇は２％程度だ。これによってサービス消費が０・89％減少したのだから、弾力性は０・45（＝0.89÷2）ということになる。

消費税率引き上げが実質消費に与える影響は、消費項目の価格弾力性によって異なる。生活必需品は価格弾力性が低く、消費税率が引き上げられても、実質消費はあまり削減されない。それに対してレジャー支出などの裁量的支出は、価格弾力性が高く、消費税率が引き上げられれば、実質消費は大きく削減される。したがって、サービスの場合の結果を消費一般に拡大することはできない。しかし、データの制約から、ここでは、この値を消費税の消費削減効果と考えることとする。

重要なのは、0・89%という値が、一般に考えられている消費税の消費削減効果よりかなり小さいということだ。

右に見たように、14年1～3月期から4～6月期にかけての家計最終消費支出の減少はこれよりずっと大きいが、それは、前記の（2）、つまり、消費税増税前の駆け込み需要の剥落と反動の影響だと考えられるのである。

このことは、消費税率の2%引き上げの是非に関して重要な意味を持つ。これまでの駆け込み需要には、2%の引き上げに対応する部分も含まれていたはずである。したがって、これから2%引き上げるとしても、新たな駆け込み需要が発生することはないと考えられる。そのため、税率引き上げによる消費削減効果は、前記の（1）、つまり、消費税増税による落ち込みだけであろう。その大きさは、0・6%（＝0.89×2÷3）程度であろうと考えられる。

第2章で見たように、14年秋の消費者物価上昇率は1%程度だ。そして、このほとんどは円安によって引き起こされたものだ。それに対して、消費税率引き上げによる物価上昇率は2%程度である。したがって、円安は消費税率引き上げの半分程度の効果を持っていることになる。

アベノミクスは経済成長を阻害した

他方で、仮に消費者物価を安定化することができれば、実質所得が増加し、実質消費も増加する。その効果は、どの程度であろうか？

現実のデータを見ると、実質雇用者報酬は、2011年1～3月期から13年1～3月期までの間に、約2％増加した。他方、駆け込み需要の影響を受けないと考えられる「サービス」は、同期間に3・75％増加した。

つまり、13年1～3月期までの趨勢が続けば、実質消費は年間2％強の伸びを示すはずなのである。これは、先に見た消費税による実質消費削減効果よりずっと大きい。

実際には、アベノミクスが、リーマンショック以降続いてきた雇用者報酬の増加を止め、実質消費の増加を止め、それを通じてGDPの成長を止めた。アベノミクスによって経済成長が促進されているのではなく、逆に阻止されているのだ。

本章で行なった分析の結果を要約すれば、つぎのとおりである。

（1）2014年には、1～3月期に消費税増税前の駆け込みで需要が大きく増加し、4月以降に需要が大きく減少した。

（2）2013年の高成長は、公共事業の増加と消費税増税前の駆け込み需要という2つの一時的要因で実現したものにすぎなかった。経済の好循環が生じたわけではなかった。

（3）支出を落ち込ませる要因としては、いくつかのものがある。住宅投資と耐久消費財については、駆け込みで増えた需要の調整がある。住宅について、この調整はかなりの期間続く可能性がある。円安によって実質所得が減少したために、消費支出が減少している面もある。消費税増税そのものが支出を減らしている効果は、さほど大きくないと考えられる。

第Ⅱ部　労働力不足と社会保障の膨張

第4章

労働力不足経済に突入する

若年者人口の減少により、労働力人口が激減する。労働力化率を高めても減少するし、出生率の引き上げは解にならない。このことは、経済政策の基本目標を、「雇用の確保」から「労働力の確保」に切り替えるべきことを要求する。

他方で、高齢者の増加によって医療・介護サービスに対する需要は増える。これまでも、この部門が日本で唯一の成長産業だった。今後を展望すると、医療と介護だけが膨張する異常な産業構造になる。これは、世界のどの国も経験したことのない問題だ。従来の社会保障問題は、社会保障だけの狭い枠内で議論されてきたが、経済全体との関係を見る必要がある。

1 雇用情勢の好転でなく労働力不足の顕在化

有効求人倍率が1を超えたのは、求職者の減少にもよる

日本の労働市場に構造的な変化が生じている。有効求人倍率の推移を見ると、リーマンショック後、1を下回る状況が続いていた。しかし、2013年11月に季節調整値が1を超え、その後、継続的に上昇している。14年11月には1・66であった。

「これは雇用情勢の好転であり、アベノミクスで日本経済が回復し、労働需要が増加した結果

図表4-1　有効求人数と有効求職者数の推移（季節調整値）

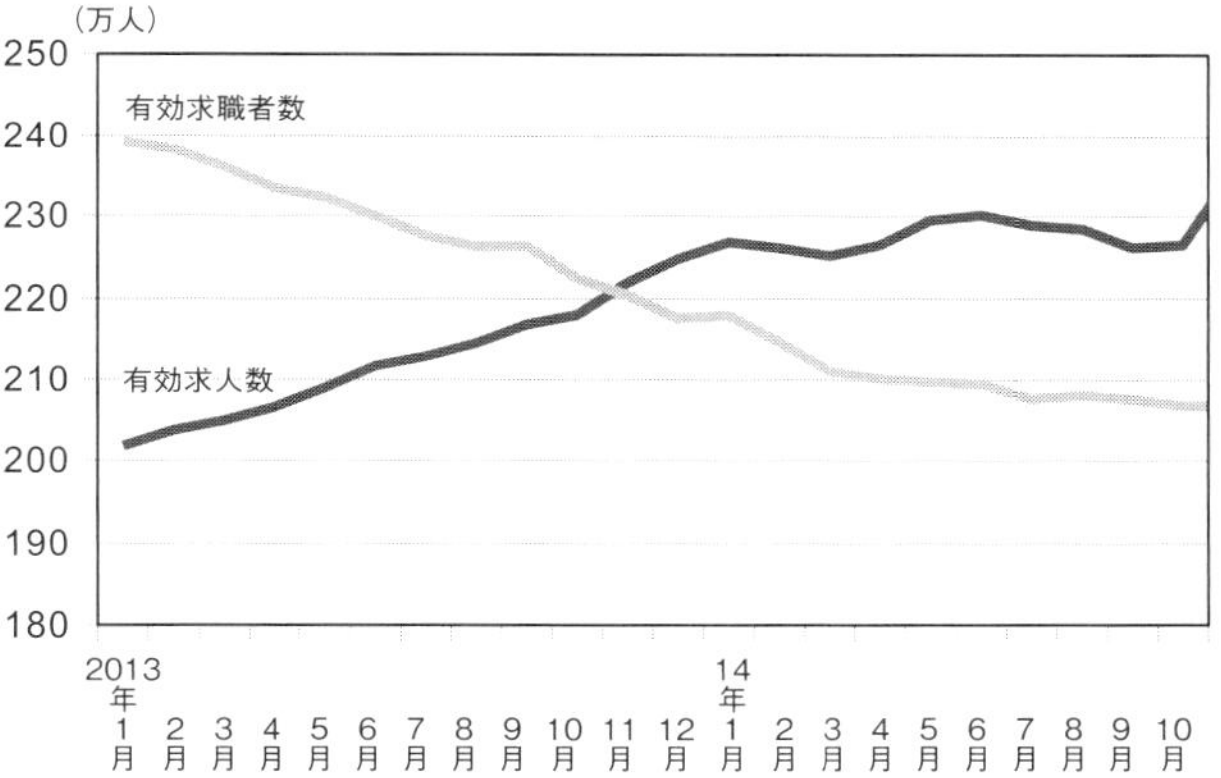

（資料）厚生労働省「一般職業紹介状況」

だ」といわれることが多い。しかし、実態はかなり異なる。労働供給の減少も、有効求人倍率を上昇させている大きな原因なのである。

実際、リーマンショック直後に大きく落ち込んだ有効求人倍率がその後大きく回復したのは、有効求人数が増えたことだけによるのではない。有効求職者数の減少もかなりの影響を与えた。「新規学卒者を除き、パートを含む」について10年から13年への変化を見ると、有効求人数は140・3万人から212・0万人へと71・7万人増加した。しかし、有効求職者数も、270・5万人から229・2万人へと41・3万人減少しているのである。

13年末ごろまでは、有効求人数の増加が有効求人倍率上昇に寄与してきた。しかし、その後有効求人数はほぼ頭打ちであり、最近では有効求職者数の減少によって有効求人倍率が上昇している（図表4－1参照）。このように、有効求人倍率の上昇は、日本経済が拡大しつつあることの証左とはいえない。むしろ逆に、経済が縮小することによってもたらされている面が強いのだ。

有効求人倍率が1を超えて表面化した「人手不足」

右で述べたことをさらに詳しく見よう（図表4－1参照）。2013年11月と14年11月を比べると、「有効求人数」は、221・9万人から231・2万人へ、9・2万人（率では4・2％）増加した（季節調整値、新規学卒者を除きパートタイムを含む）。他方で、「有効求職者数」は220・4万人から206・9万人へと13・5万人（6・1％）減少した。つまり、有効求職者数の減少は、有効求人数増加の1・46倍にもなる。変化率で見ても、有効求職者数の減少のほうが大きい。

「求職者が減ることによって（つまり供給の減少によって）有効求人倍率が上昇する」というのは、「雇用情勢の好転」ではなく、「人手不足」である。歓迎すべきことではなく、憂慮すべきこと、そして対策が必要なことである。

期間を広げて見ると、有効求職者数は、09年8月の290・7万人がピークであり、それ以降は傾向的に減少している。14年11月の値は、ピークに比べると83・8万人（28・8％）もの減少だ。他方、有効求人数は、リーマンショック後増加してきたが、14年に入ってからは、図表4－1に見られるように、頭打ちとなり、前月比で減少する月も見られるようになった。消費税増税前の駆け込み需要などによって、これまで求人数が増えてきたが、その傾向が終わったためだろう。

「人手不足」は、14年の初めごろから急に言われるようになった。あまりに唐突に生じたため、その背後に長期的な条件変化があることに気づきにくい。しかし、右に述べたように、求職者数の減少は、長期的に継続していたのである。これまでは、求職者数が求人数より多かった（つまり、有効求人倍率が1倍未満だった）ために、表面化していなかったのだ。13年11月に求職者数が求人者数を下回るに至って、初めて顕在化した。

この傾向は、将来に向かって継続するだろう。すなわち、有効求人数は経済情勢のいかんで増えたり減ったりするが、傾向的に増加する保証はない。他方で、有効求職者数は、労働力人口の減少を反映して減少を続けることが、ほぼ確実である。その結果、有効求人倍率は上昇を続けるだろう。繰り返すが、これは雇用情勢の改善ではなく、人手不足の深刻化である。

非正規以外では就職件数が減少している

需要増と供給減の違いは、教科書的な需要曲線、供給曲線を用いることによって理解することができる。横軸に雇用量、縦軸に賃金を取った図で、需要は右下がりの曲線、供給は右上がりの曲線で表される。

「需要の増加」は、需要曲線が右にシフトすることで表される。供給曲線が不変の場合、これによって賃金の上昇と雇用の増加が生じる。それに対し、「供給の減少」は供給曲線の左へのシフトで表され、賃金の上昇と雇用の減少が生じる。両者が同時に起こる場合には、賃金は上昇する。しかし、雇用がどうなるかは、需要増と供給減のどちらが大きいかで決まる。

現実のデータを見ると、雇用は増えていない。「一般職業紹介状況」で「就職件数」を見ると、2013年11月の17・6万人から14年11月の16・7万人まで0・8万人（4・8％）減少している。期間を広げて見ると、就職件数のピークは、11年12月の18・9万人だった。それに比べると14年11月の数字は2・1万人（11・2％）の減少になっている。

以上で見たのは、ハローワークを通じた求職・求人・就職だ。経済全体としても雇用が増えていないことは、別の統計で確認できる。労働力調査（14年11月）を見ると、つぎのことが観察される。
（1）11月の就業者数は6371万人で、前年同月と同数。また、次節で詳しく見るように、増えているのは非正規の職員・従業員であって、正規の職員・従業員は減っている。
（2）産業別に見ると、就業者数の増加が顕著なのは情報通信業（11月に204万人で、前年比14万人増）と医療・福祉（11月に779万人で、前年比35万人増）だけだ。他の産業の就業者数は、（正規も含めて）あまり増えないか、あるいは減っている（製造業は、前年比29万人減）。供給曲線の左方シフトは経済全体として生じる現象で産業別にあまり差がないが、需要曲線のシフトは産業によって大きく異なるため、以上で見たような差異が生じるのである。

コストプッシュ・インフレが生じる危険

「賃金上昇が望ましい」とされるのは、需要曲線の右方シフトが想定されているからだ。すでに見たように、その場合には雇用が増えるので、賃金総額が増加し、その結果消費総額が増える。そして企業の生産量は拡大し、労働に対する需要曲線はさらに右にシフトする。これが「経済の好循環」といわれるものだ。

しかし、賃金上昇が供給曲線の左方シフトによって引き起こされる場合には、雇用が減少するので、仮に賃金が上がったとしても、賃金総額が増加するとは限らない。雇用減少が大きければ、消費総額は減って、総需要が減少する。したがって、企業の生産量は減少する。つまり、経済活動は縮小するわけだ。

しかも、賃金上昇は、企業にとってコストの増加となり、利益を圧迫する要因となる。また、製品価格を上昇させ、物価上昇を加速する。それは家計の実質所得を減少させ、実質消費を減少させる（あるいは伸び率を鈍化させる）。

第1章で述べたように、円安による物価上昇を通じて家計の実質所得が減少し、その結果実質消費の伸びが減速している。今後は賃金上昇が引き起こすコストプッシュ・インフレによって、実質所得減少が加速される可能性が高い。これは、スタグフレーションである。

求職者数の減少は、生産年齢人口の急激な減少によって労働力人口が減少していることによるものだ。そして、このことは将来さらに加速する。したがって、賃金上昇と雇用の減少がより明確な形で現れるだろう。こうした条件の変化に対応して経済政策の基本的な基準を転換することが必要だと右で述べた。つまり、「雇用の確保」から「労働力の確保」への転換だ。このことの重要性は、今後ますます増大するだろう。

2 非正規が増えて正規は増えず

増えているのは非正規労働、正規労働力は減少

自民党は２０１４年12月の総選挙の際、「アベノミクスで雇用は１００万人以上増えた」「賃

上げ率は過去15年で最高」と宣伝した。本当だろうか？

総務省「労働力調査」によると、13年1月から14年10月までの間に、雇用者は１２７万人増加した(注1)。だから、「雇用が１００万人以上増えた」ということ自体は間違いではない。

しかし、問題はその中身である。まず、正規・非正規について見ると、増えたのは非正規であり、正規は減っている。具体的にはつぎのとおりだ。右の期間において、正規の職員・従業員は、38万人も減少している。それに対して、非正規の職員・従業員は、１５７万人の増加となっている。その内訳を見ると、パート53万人増、アルバイト35万人増、契約社員53万人増などだ。

もちろん、「非正規だから問題だ」ということには直ちにはならない。柔軟な就業体制は、原理的には必ずしも悪いことではない。しかし、現実の非正規雇用に問題が多いことも事実である。第１に、雇用が不安定だ。また、社会保険の適用も十分でないことが多い。実際、企業が非正規雇用を増やす大きな理由は、社会保険の負担を避けることにあるのではないかと思われる（本章補論１のBを参照）。

第2に、次節で述べるように、パートタイム労働者の賃金は、一般労働者に対して著しく低い。したがって、非正規労働が増えることは、全体としての平均賃金を押し下げることになる。

こうした事情があるので、労働者としては、非正規よりは正規を望んでいる。それが実現できないのは、大きな問題だと言わざるをえない。

（注1）ただし、これは原数値である。季節調整値で見ると、この間の増加は88万人にすぎない。また、11月までの増加は79万人。

パート労働者の賃金は著しく低い

就業（雇用）形態区分の定義は、統計によって若干異なる。先の正規・非正規という区別は「労働力統計」のものだ。厚生労働省「毎月勤労統計調査」では、「一般」「パート」という区別をしている（補論1の1参照）。

この調査では、労働力調査の傾向とは異なり、従業員5人以上の調査産業計で、一般労働者も同期間中に常用雇用指数が99・1から101・2に、2・1％増加している。ただし、パートタイム労働者の指数は106・9から111・8へと4・6％増加している。したがって、パートタイムの増加のほうが著しいことに変わりはない。

なお、この統計では、就業形態別の給与水準が分かる。現金給与月額を調査産業計で見ると、一般労働者が33万9374円であるのに対して、パートタイム労働者は9万4882円と、28・0％の水準でしかない。しかも、伸び率も低い。一般労働者が対前年伸び率1・1％であるのに対して、パートタイム労働者は0・5％でしかない。したがって、時間がたつにつれて、賃金格差は拡大するわけである。なお、以上の傾向は、産業別に見ても変わらない。

増えたのは一時的雇用と低賃金部門

雇用の伸びを産業別に見ると、どうなっているだろうか？　毎月勤労統計調査によって常用雇用労働者（事業規模5人以上）を見ると、調査産業計では、前年比1・7％の増となっている。増加率が2％を超えているのは、つぎの産業だ（カッコ内は2014年9月の労働者数、単位：千人）。

建設業2・9％（2761）、不動産・物品賃貸業3・6％（714）、飲食サービス業等5・3％（4255）、医療・福祉2・8％（6301）、その他のサービス業2・1％（3641）。

13年の経済成長率が高くなったのは、消費税引き上げ前の住宅駆け込み需要と公共事業増額のためであると、第3章1で指摘した。建設業、不動産業などの雇用が増えているのは、その影響である。また、医療・福祉の雇用が増加するのは、高齢者の増加に伴う長期的・傾向的な現象である。以上の部門の雇用が伸びる半面で、製造業の伸びはマイナス0・4％（7984）となっている。また、金融業、保険業は0・4％（1413）にとどまっている。

建設業、不動産業の雇用増加は一時的なものであるし、飲食サービス業や医療・福祉は、生産性が低く、平均賃金も低い産業だ。非正規労働者の比率も高い。その半面で、生産性が高い製造業は縮小しているし、金融・保険業は停滞的だ。したがって、右で見た雇用構造の変化によって、平均賃金は長期的傾向として低下せざるをえない。

賃金指数の改善ははかばかしくない

賃金指数について、2013年1月以降の推移を見ると、ボーナスのある6、12月に変動があるということをならせば、ほとんど変化がない。14年1月の値は83・4であって13年1月と変わりない。14年9月は対前年比が1・6%増になっている。

ただし、ここでつぎの3点に注意が必要だ。第1に、最近の指数の対前年比がプラスになっているといっても、上昇率は消費者物価上昇率より低く、したがって、実質の伸びはマイナスになる。第2に、第1章の2で述べたように、家計調査で見ると、最近時点では、名目収入の伸びもマイナスになっている。第3に、長期的に見ると、賃金指数は低下している。日本の賃金指数は1997年にピークに達した後、傾向的に下落してきた。そして、リーマンショックで大きく下落した。その後回復したが、はかばかしいものではなく、リーマンショック前に比べれば、2～4%程度低い水準だ。

3　今後激減する労働力

労働力人口は、2040年で現在より1500万人超減

本章の1で見た現象の根底にあるのは、若年人口の減少による労働力人口の減少である。内閣府「人口減少と日本の未来の選択」（2014年3月）、「労働力人口と今後の経済成長について」（14年3月）、「同、参考図表編」によれば、13年における全労働力は6577万人であるが、30年には894万人減少して5683万人になる（現状維持ケース）。

13年と30年の間を直線補完すれば、25年における労働力は5946万人になる。つまり、1000万人近く減る。これは現在の製造業の全就業者数に匹敵するほどの大きさである。「経済成長、労働参加ケース」でも、6285万人に減少する。そして60年には、出生率が回復し、かつ女性がスウェーデン並みに働き、高齢者が現在よりも5年長く働いたとしても、5400万人程度にまで減少する。

この数字と将来人口推計の計数を基として、将来の労働力人口を別途推計してみよう。「労働力調査」によって労働力率（人口に対する労働力人口の比率）を見ると、経済全体で、1970

年代から90年代までは63〜64％程度であったが、90年代の末から急速に低下している。2013年では59・3％だ。これは、人口の高齢化によるものだ。

そこで、労働力調査にある13年度の労働力率の数字を参考として、将来の労働力率がつぎのとおりであるものとする。

（1）0〜19歳は、現在の15〜19歳の労働力率（15・5％）の4分の1である3・875％。

（2）20〜64歳は、現在の20〜64歳の労働力率の平均値である79・9％、（3）65歳以上は、現在の65歳以上の労働力率の20・5％。

年齢階級別の人口としては、国立社会保障・人口問題研究所の日本の将来推計人口（12年1月推計）の「出生中位（死亡中位）推計」の数字を用いる。

以上の想定を置いて計算を行なった結果は、図表4－2に示すとおりだ。25年では、労働力人口は6059万人である。前記内閣府の推計より若干多いが、誤差の範囲だ。10年に比べると、674万人の減だ。

その後の推移を見ると、30年で5834万人となり、10年より898万人の減。32年に5740万人となり、約1000万人減。40年で5156万人となり、1577万人減。50年で4530万人となり、2203万人減。これらの数字は、かなり確かな見通しである。

なお、内閣府の推計では、将来労働力率が上昇する場合も示されている。しかし、労働力率の

図表4-2　65歳以上人口と労働力人口（著者推計）

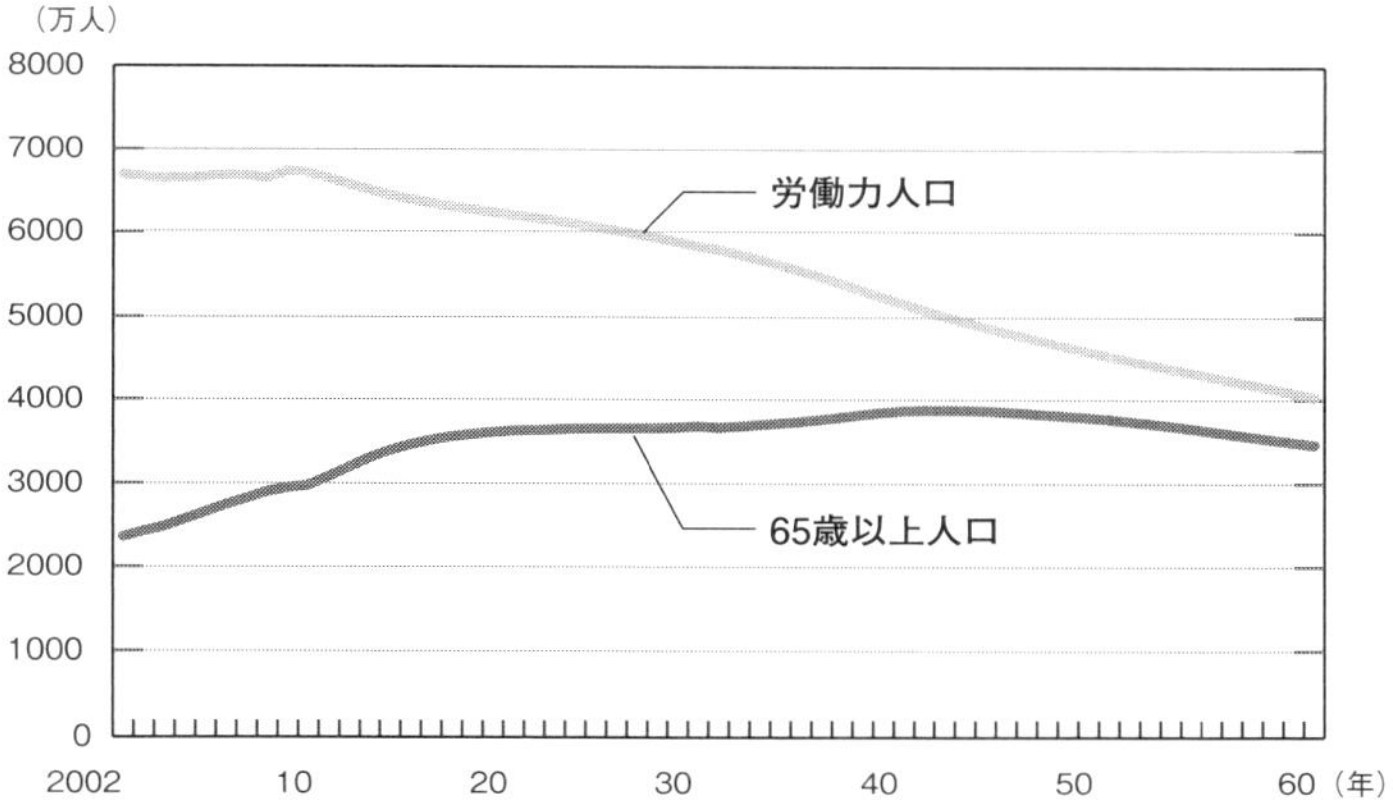

引き上げは決して容易な課題ではない。楽観的見通しに依存して楽観的な将来像を描くのでなく、現実的な想定の下で見通しを立て、そこで予想される問題に正面から向き合うべきだ。

経済政策の基本的判断を変更する必要がある

日本の経済政策の基本的な目的は、これまで国内雇用の確保に置かれていた。しかし、労働力不足経済においては、雇用確保より労働力確保が重要な課題になる。これは、いくつかの重要な含意を持つ。とりわけ重要なものとして、つぎの2点がある。

第1は、生産活動海外移転の評価だ。これは、国内雇用を減らすという意味で望ましくないものであり、回避すべきものと考えられてきた。しかし、労働力不足経済においては、生産活動の海外移転は、むしろ望ましいものと評価される。なぜなら、それによって国内の労働力逼迫《ひっぱく》が緩和されるからである。

生産活動の海外移転は、輸出を減らし、貿易収支を赤字化する点でも問題だとされる。しかし、海外生産の利益が日本に還流すれば、所得収支の黒字が拡大する。それによって、経常収支の赤字化を防ぐことができる。企業活動の海外移転は、以上で見たような労働市場の構造変化に対応して、日本企業が合理的な戦略を取っていることの結果だと評価することができる（これに関しては、第8章の1で再述する）。

第2は、労働供給面の対応だ。女性や高齢者の労働参加を高めることは、もちろん必要だ。ただし、そのためには、育児支援の拡充や在職者年金制度の改革など、さまざまな政策対応が必要だ。仮にそうした施策がなされて労働力供給の落ち込みを防ぐことができたとしても、それだけで十分とはいえない。すでに述べた内閣府の試算が、それを示している。

最終的には、外国人労働者の受け入れが必要になる。しかも、短期滞在者だけではなく、移民を大幅に増やす必要が生じる。しかし、これについての日本政府の対応は及び腰である。2014年6月に公表された成長戦略「日本再興戦略改訂版」においても、技能実習制度の拡充などで済まそうとしている。しかし、これだけの労働力不足が予測されているにもかかわらず移民を拒絶し続けるのは、およそ現実的な政策とは考えられない。成長戦略についての根本的な発想転換が必要だ。この問題は、本章の5で再述する。

4　医療・介護分野だけが膨張する

「医療・介護従事者」の範囲

これからの日本で労働力需要が確実に増えるのは、医療・介護分野である。具体的にどの程度の労働力が必要とされるかを考えることとしよう。

医療や介護に従事する就業者には、さまざまな種類がある。どこまでを「医療・介護従事者」と定義するかは、統計によって異なる。したがって、これについて整理しておくことが必要だ。そうしておかないと、議論が混乱する恐れがある。この詳細は本章補論2で説明しているが、概要はつぎのとおりだ。

第1に、厚生労働省の数字がある。『厚生労働白書』資料編は、「医療関係従事者数」を定義している。ここには、医師（2012年で30万人）、看護師・準看護師（144万人）のほか、歯科医師、薬剤師、理学療法士や就業歯科衛生士等が含まれる。

また、同省「医療・介護に係る長期推計」によると、11年の「医療・介護マンパワー」は、合計で462万人。その内訳は、医師29万人、看護職員141万人、介護職員140万人、医療その他職員85万人、介護その他職員66万人となっている。これは、『厚生労働白書』の数字に介護関係就業者を加えたものだ。

第2に、「労働力調査」における「医療、福祉」の就業者数がある。これは、11年で678万人だ。厚生労働省の数字より大きいのは、範囲が広く設定されているためと考えられる。なお、このほか、いくつかの政府統計が類似の分野の就業者数を定義している。

以下においては、医療・介護分野に限った問題を分析する場合には、厚生労働省が定義する「医療関係従事者数」や「医療・介護マンパワー」を用いることとするが、経済全体の労働需給等を分析する場合には、労働力統計ベースの計数を用いることとする。そして、将来推計などにあたって、厚生労働省の推計における比率等を参照することとする。

介護に対する需要が大幅に増加する

人口高齢化により、医療・介護に対する需要は今後確実に増える。中でも、介護に対する需要の増加が顕著だ。以下では、まず介護の問題を考え、つぎに医療・介護全体を考えよう。

「2012年度 介護保険事業状況報告」によると、75歳以上の介護保険被保険者数は12年度で1520万人、うち支援や介護が必要と認定された者が477万人である（介護保険については、第5章の4で説明する）。つまり、75歳以上の31％が要支援・要介護になっているのだ。年金の場合には65歳以上人口の増加が問題になるが、介護保険は75歳以上の人口の増加が問題となる。

75歳以上人口は、1960年には164万人でしかなかった。80年でも366万人だった。ところが、将来人口推計によると、2010年に1419万人であった75歳以上人口は、20年には1879万人と1・3倍になり、30年には2278万人と1・6倍になる。65〜74歳人口は16年がピークで、それ以降20年代末まで減少するが、75歳以上人口はこの間も増加を続けるのである。そして、17年以降は65〜74歳人口より多くなる。

前述の認定者状況から考えて、要支援・要介護者は、75歳以上人口の増加にほぼ比例して増加するだろう。したがって、30年ごろには、10年の1・6倍程度に増えるだろう。認定者はこれまでも増えてきた。00年度には256万人だったが、12年度には561万と、2・19倍になっている。それが今後さらに増加するのだ。こうして、過去の日本社会とまったく異質の社会になる可能性がある。

介護従事者が大幅に増える

介護は、平均余命の延長と核家族化がもたらした深刻な問題だ。日本は、これまで世界のどの国も経験したことのない困難な問題に対処しなければならない。日本社会は、果たしてこの問題を切り抜けられるのだろうか？

介護は、資本装備率の向上や技術開発によって労働生産性を高める余地もなくはない。例えば、車椅子などの介護機器の改善、ロボットの活用などが考えられる。しかし、全体としてみれば、これらによる生産性の改善は限定的だろう。基本的には、従来どおりの対人サービスが中心にならざるをえない。したがって、要支援・要介護者の増加に見合う介護従事者を確保する必要がある。それは可能だろうか？

まず、これまでの推移と現状を見よう。厚生労働省の資料「介護職員をめぐる現状と人材の確保等の対策について」によれば、介護職員の増加は著しい。すなわち、２０００年に54・９万人であったものが、10年には１３３・４万人と約2・4倍になっている。これは、要支援・要介護者の増加率をやや上回る増加率だ。

今後はどうか？　厚生労働省「医療・介護に係る長期推計」（11年6月）は、25年度において必要とされる介護従事者数を、つぎのように推計している（25ページ「マンパワーの必要量の見込み」）。介護職員２３２万〜２４４万人、介護その他職員１２５万〜１３１万人。これらを合計すると、３５７万〜３７５万人となる。

前記内閣府による労働力予測値（現状継続ケース）と比較すると、これは25年度における労働力の6・3%になる。全労働力中の介護従事者の比率は、00年には0・8%でしかなかったが、10年には2%にまで上昇した。この比率は、今後さらに上昇するのだ。

医療・介護従事者の比率が、2050年代に25%を超える

以上で見たのは介護分野であるが、つぎに、範囲を広げて、医療・介護従事者を推計しよう。

65歳以上人口は、現在3000万人を超えて増加中だが、2040年代に3800万人程度でピークになり、それ以降は減少する。したがって、医療・福祉分野従事者も、40年代中ごろまでは増加すると予想される。

以下では、医療・福祉分野従事者をつぎのように推計した。

（1）まず、前記「社会保障に係る費用の将来推計について」において予測されている労働者数を、労働力調査ベースの数字に換算した。すると、11年では678万人となり、15年では746万〜801万人になる。また、25年では、909万〜1077万人になる。

（2）つぎに、労働力調査ベースの医療・福祉分野従事者数と65歳以上人口の比率を求める。02年には2・0%であったが、13年には2・3%に上昇している。そして、15年には2・2〜2・4%、25年には2・5〜2・9%だ。

（3）医療・福祉分野従事者について、14年は13年と15年との補完で求め、16〜24年は、15年

図表4-3　医療・介護従事者数の推移（著者推計）

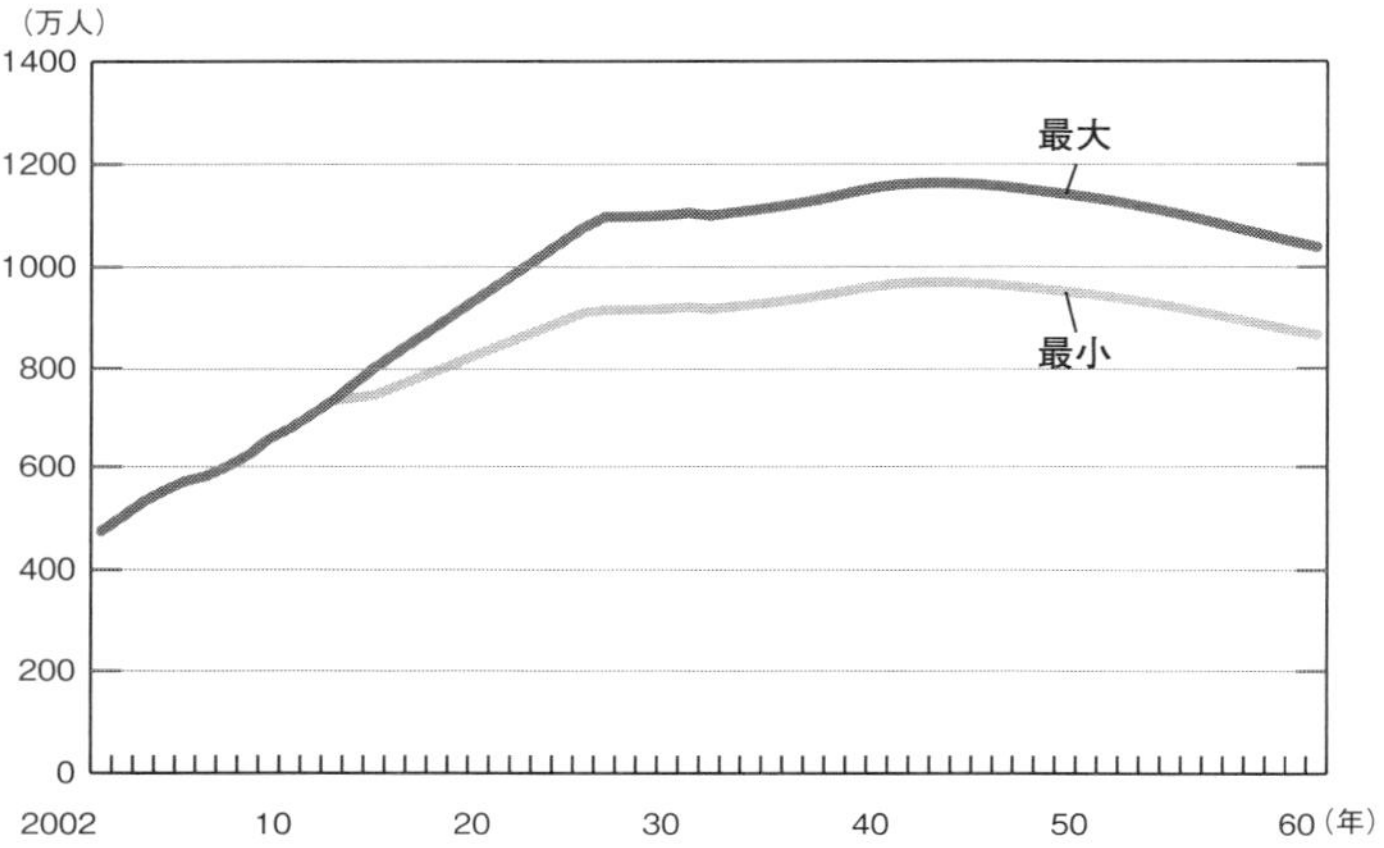

と25年を直線補完することで求めた。26年以降は、前記比率が最小で2・5％、最大で3・0％であるものとした。

結果は、図表4－3に示すとおりだ。25年までは高い伸び率で増加するが、それ以降は伸び率が低下し、40年代以降は減少する。ただし、25年以降の伸び率低下は、ここで置いた仮定（医療・福祉分野従事者数と65歳以上人口の比率が25年以降は一定になる）に依存している。過去においてこの比率は上昇を続けてきたのだから、今後も上昇しない保証はない。もし上昇すれば、医療・福祉分野従事者数は40年代以降も増加を続ける可能性がある。

注目すべきは、総労働力に占める医療・介護関係従事者数の比率が、ほぼ一定の率で上昇を続けることである（図表4－4）。50年代に

図表4-4　**総労働力中の医療・介護従事者数の比率**（筆者推計）

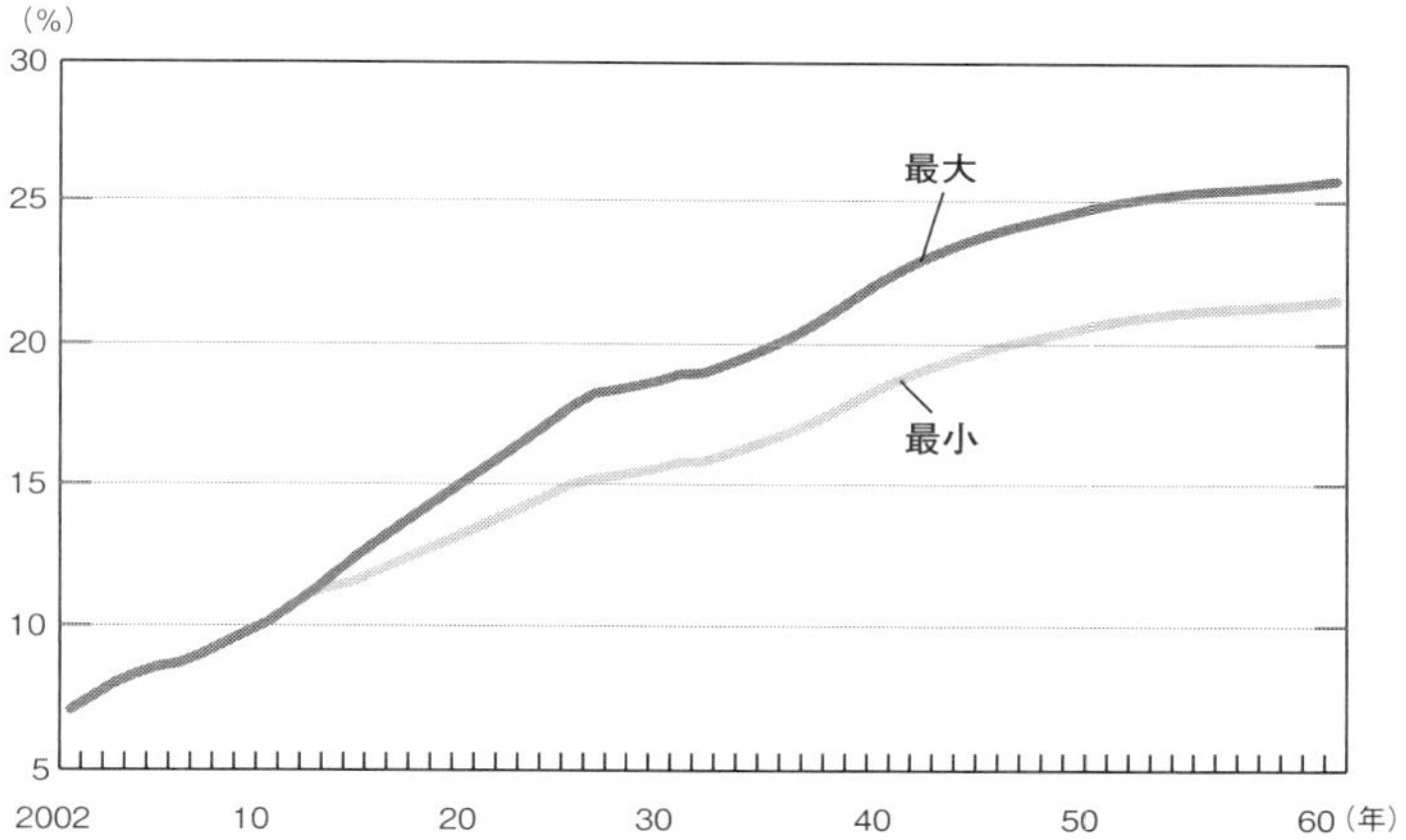

は、最小の場合も比率が20%を超え、最大の場合には25%を超える。このような結果になるのは、全体としての労働力人口が減少するからである。医療・福祉の従事者だけで総労働者の4分の1を超えるような社会は、およそありえないものだ。しかし、ここで置いた仮定の下では、そうならざるをえないのである。

図表4－2は、日本経済が抱えている問題を象徴的に表している。02年においては、労働力は65歳以上人口の3倍近くいた。ところが、それ以降、生産に寄与できる労働力人口が一貫して減少している。他方で、医療・福祉を通じて経済に負担を掛ける高齢者人口が一貫して増加しているのである。そして、50年ごろには、両者があまり違わない規模になってしまうのだ。図表4－4に示されている異常な姿は、図表4－

2に示されている構造変化が引き起こす必然なのである。他の産業が供給する財やサービスは、生産や生活のために依然必要なのだが、それらを支障なく供給できるだろうか？　繰り返すが、このような経済はありえないものだ。

ありえないのであれば、何らかの対応が必要だ。まず考えられるのは、省力化だ。しかし、サービス産業の多くは、資本装備率を高めたり、新しい技術を用いて省力化するのが難しい。すると、解は、移民を受け入れて労働需給を緩和することしかない。これについて、本章の5で検討することとしよう。

在宅介護が社会化されれば、もっと増える

ところで、以上で見た介護従事者は、「介護保険に関わる」という意味で、狭義の介護従事者である。しかし、実際には、在宅介護の比率が高い。厚生労働省「介護職員をめぐる現状と人材の確保等の対策について」によると、2010年10月において、介護職員133・4万人のうち、「介護保険施設」は33・9万人であり、「居宅サービス等」が99・5万人だ。つまり、「居宅サービス等」が全体の4分の3程度を占めているのである。

在宅介護の場合には、家族メンバーが介護サービスを提供していることが普通だ。そして、多くの場合において、これは家族に対する過大な負担となっている。

厚生労働省は、今後も在宅介護を中心とする方針だ。家族に対する負担を軽減するための巡回サービスなどを強化するとしているが、そうしたサービスの必要性は、今後ますます増えるだろう。

他方で、労働力不足に対応するため、女性や高齢者の労働参加率を高めることが考えられている。しかし、在宅介護のために労働市場に参加できないケースは、今後増えると思われる。在宅サービス中心主義と女性や高齢者の労働参加率向上とを両立させるためには、在宅介護支援サービスをさらに増大させるか、あるいは介護保険施設の比重を増加させる必要がある。つまり、介護の「社会化」「市場化」を進めるべき余地が大きいと考えられる。

介護の社会化が進むことは、介護の将来について、大きな問題を投げかける。前述のように、在宅中心主義であっても、必要労働力と財源の確保が必要であり、これらは決して容易な課題ではない。介護の社会化が進めば、これらの必要性はさらに高まる。

現状において家族が提供している介護サービスがどの程度のものかを定量的に把握するのは難しい。第5章の5で示すように、年間11兆円強（GDPの2・4％程度）と考えることもできる。これは、明示的に「介護総費用」として把握されている額（12年度で8・9兆円。名目GDPの1・88％）よりも大きい。仮に「介護の社会化」を最大限に進めるとすれば、必要な総費用、総労働力は現在予測されているものの2倍以上に膨れる可能性があるわけだ。

医療・福祉分野の賃金は低いため、人手不足

医療・福祉分野の賃金はどの程度だろうか？　まず、介護分野の平均賃金の水準は、産業計の平均賃金と比較して低い。厚生労働省「２０１１年賃金構造基本統計調査」によれば、男女計の「きまって支給する現金給与額」で見た場合、産業計が月額32・4万円であるのに対して、社会保険・社会福祉・介護事業は24・０万円と、74％の水準でしかなかった。ホームヘルパーは21・８万円であり、67％の水準だった。(注1)

法人企業統計で見る「医療、福祉業」の平均賃金は、もっと低い。11年度で年１８６・３万円、13年度で２２５・６万円だ。これは、全産業（除く金融保険業）が、11年度で３１５・７万円、13年度で３１０・９万円であるのと比較すると、11年度では59・０％、13年度で72・５％にしかならない。

経済全体に対する医療・福祉分野の比率は、対ＧＤＰ比で見ると、就業者数で見た場合より低くなる。内閣府「医療・介護に係る長期推計」によれば、医療・介護費用の対ＧＤＰ比は、11年において９・８％であり、先に見た就業者数でのウエイト（11・８％）より低い。これは、医療・福祉分野での生産性が、経済全体の平均に比べて低いためである。

賃金がこのように低いことは、この分野に人が集まらず、したがって有効求人倍率が高くな

る基本的な原因と考えられる。12年3月以降の期間につき、有効求人倍率（常用、含むパート）を見ると、保健医療サービスの倍率は常に1を超えており、最近では1・5を超えている。介護サービスでは常に1・5を超えており、最近では2を超えている。職業計では最近に至るまで1未満であったのとはきわめて対照的だ。

介護従事者の有効求人倍率は、地域別の差も大きい。概して、地方よりも都市部のほうが高くなっている。12年2月に全国計の有効求人倍率は1・88であったが、東京都では3を超えていた。それに対して、東北・北海道、九州・沖縄では、1をわずかに上回るだけだった（原資料は、厚生労働省「職業安定業務統計」）。地域別にこのような差があることは、将来の労働力不足経済における介護施設の地域配置に関して重要な意味を持っている。この問題については、第5章の4で述べる。

今後、経済全体としての労働供給が急激に減少していく中で、医療・福祉関係の人材の確保は従来にも増して困難な課題となるだろう。

（注1）「2012年賃金構造基本統計調査（全国）結果の概況」によると、医療・福祉の賃金（所定内給与額）は34・7万円であり、産業計の29・6万円より高くなっている。この計数を解釈する場合には注意が必要だ。なぜなら、医療関係者のうち医師は、他の職員とは給与水準等で異質

だからだ。

そこで、「賃金構造基本統計調査」の職種別詳細表を見る。企業規模計（10人以上）の所定内給与額で見て、医師が75・3万円であるのに対して、看護師は29・1万円、准看護師や介護関係は20万円台だ。このように大きな差がある。看護師や介護関係の平均賃金を25万円程度であると見れば、医療・福祉の平均賃金の約35万円の7割程度でしかない。そして、これは、産業計よりかなり低くなっている。

5 移民なしではやっていけない

労働力不足にどう対処する？

以上で見てきたように、医療・介護に必要な労働力は今後増える。他方で、労働供給は急激に減少する。日本経済の問題として総人口の減少がしばしば取り上げられるのだが、本当に問題となるのは、総人口ではない。また、総労働力でもない。「総労働力－医療介護必要労働力」が著しく減少することが問題なのだ。これまで世界のどの国も経験したことがないようなこの事態に対して、日本はどう対処すればよいのか？

この問題に対処するには、究極的には外国人労働力の受け入れによらざるをえないだろう。先進国においては、移民によって労働力不足問題に対処するのが普通の姿だ。しかし、日本は移民を拒み続けてきた。この結果、労働者に占める外国人労働者の比率は、諸外国と比較して極端に低い。

他方で、移民労働力の受け入れは、急にはできず、周到な準備が必要である。地域社会の受け入れ態勢、社会保険制度の適用など、さまざまな問題を克服しなければならない。いつまでも移民を拒否する態度を続けるなら、将来の介護人材確保において大きな問題が起きるだろう。

少子化対策では解決できない

労働力が減少する原因は少子化である。したがって、「出生率を高めればよい」との考えを持つ人が多い。日本政府も、「少子化対策」が必要としている。その内容は出生率を高めることだ。そのために担当大臣まで置いている。成長戦略「日本再興戦略」でも、出生率向上によって人口1億人を維持することが目標とされている。これは一見して正しい政策のように見える。しかし、そうではないのである。

第1の理由は、労働問題に影響を与えるような短期間のうちに、出生率が顕著に上昇するはずがないことだ。第2は、仮に上がったとしても、日本が直面する問題には間に合わないことだ。なぜなら、これまで強調してきたように、65歳以上人口のピークは２０４０年ごろだからである。いまから出生率が上がっても、40年には一番年上が25歳くらいにしかならない。生産年齢にやっと達したところだ。それまでの期間は、むしろ従属人口が増えるだけで、生産年齢人口の負担はかえって増える。人口問題はきわめてイナーシャ（慣性）が強い現象なのだ。

出生率が高まることそれ自体は望ましいことだ。しかし、それは労働力不足対策にはなりえない。政府の政策は、「何かをやっている」という言い訳の材料をつくるためのものであって、直面する問題に対する有効な対策にはなりえない。

外国人労働者が異常に少ない

労働力減少に対する適切な対策とは、外国から労働力を受け入れることである。それは世界標準になっている。しかし、日本における外国人労働者は少ない。この点で、日本はきわめて例外的だ。世界の中で日本だけが、外国人労働者に固く門を閉ざしている。これはまったく非合理な態度だ。

具体的な数字を見ると、図表４－５のとおりだ。ここで用いているＯＥＣＤの統計（*International Migration Outlook 2013*）には、「外国生まれ」と「外国人」があるが、図表４－５には両方を示した。「外国生まれ」は、すでに当該国の国籍を取得している労働者、「外国人」

図表4-5　外国人労働者と外国生まれ労働者の総労働力に対する比率

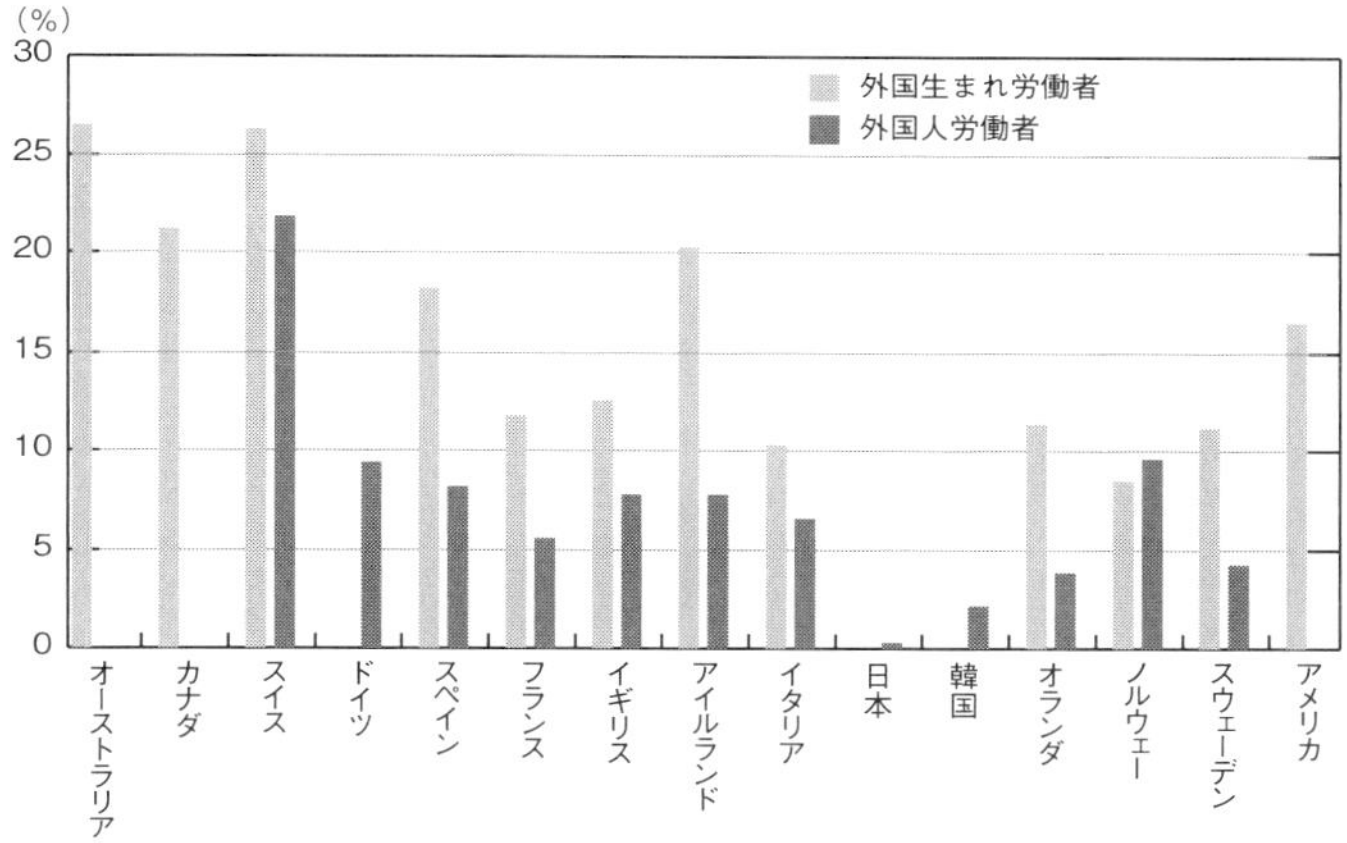

（資料）OECD, *International Migration Outlook 2013*

は国籍を取得していない労働者だ。日本は後者のデータはあるが、前者のデータはない。アメリカは前者はあるが、後者はない。

「外国人」の比率で見ると、多くのヨーロッパ諸国が5〜10%程度の間にある。スイスは20%を超える高さだ。これに対して日本は、0・3%でしかない。先進国平均の20分の1から30分の1であり、スイスに比べれば約70分の1でしかない。韓国の2・2%に比べても一桁少ない。このように低い比率は、世界でまったく例外的だ。ヨーロッパ諸国は旧植民地との関係があるから、日本とは比較にならないという意見があるかもしれないが、それを考慮しても、日本の数字は低過ぎる。

「外国生まれ」の比率は国によってかなりの差があるが、オーストラリア、カナダ、スイスで

図表4-6　2020年までの生産年齢人口の変化

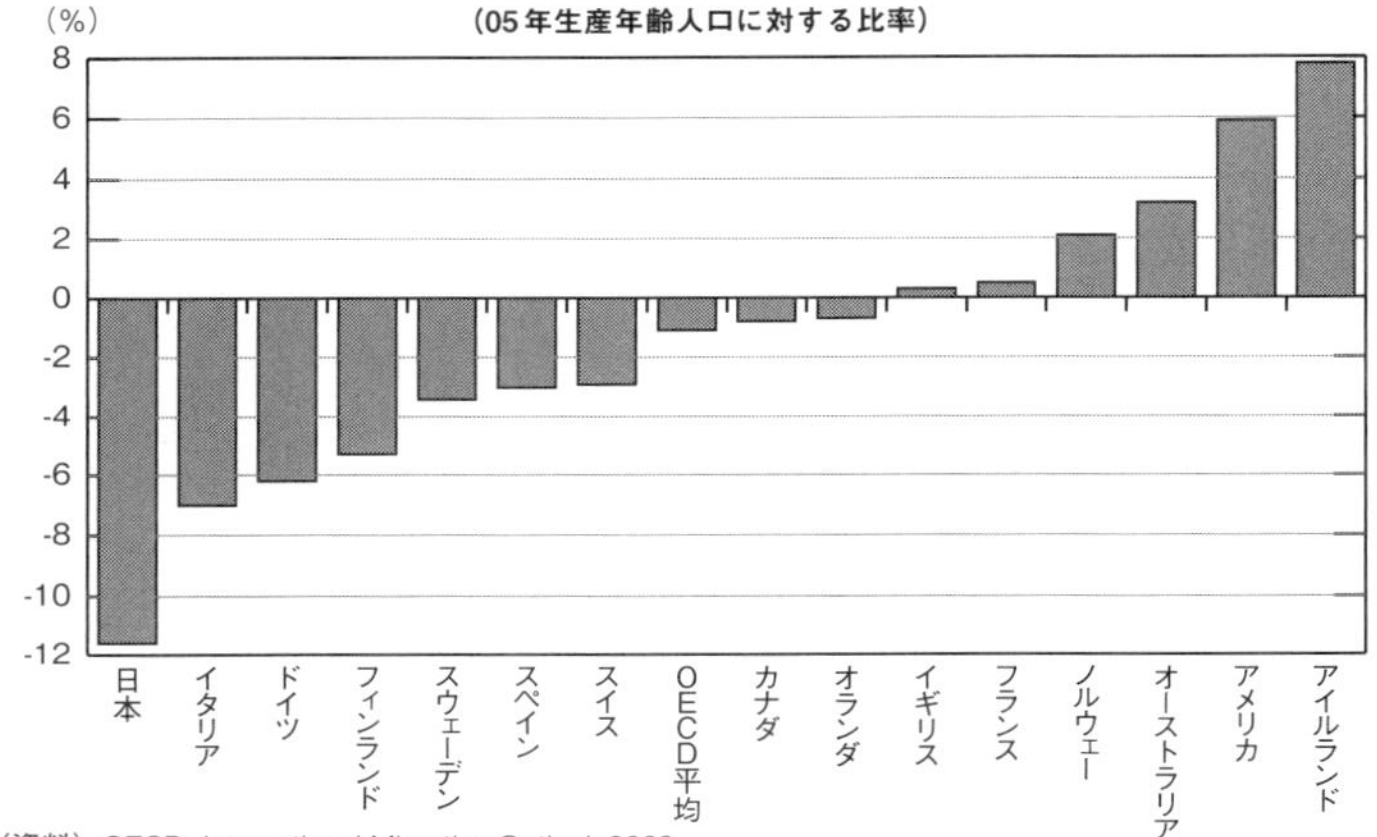

（資料）OECD, *International Migration Outlook 2009*

は、20%を超える値だ。アメリカも16・5%と高い。つまり日本は深刻な労働人口減少に直面するにもかかわらず、外国人労働者の受け入れが極端に少ないのである。どう考えても合理的な選択とは言えない。

２０１４年から19年までの人口増加率を見ると、日本はマイナス11・6%である。イタリアとドイツの減少率も6%を超える。それに対して、イギリス、フランス、オーストラリア、アメリカでは、人口が増加すると予測されている。日本は、先進諸国の中で例外的と言えるほど深刻な人口減少に直面するのである。

これは総人口であるが、労働人口に影響するのは、生産年齢人口の変化だ。やや古い推計だが、OECDは、*International Migration Outlook 2009*において、移民政策が変わらない場合の05

〜20年の生産年齢人口の変化（05年人口に対する比率）の推計を行なった。

その一部を図表4－6に示す。イタリアやドイツでは、今後15年間に労働力人口が約5％減る。ノルウェー、オーストラリア、アメリカ、アイルランドなどでは、労働力が増えるだろう。

日本の移民開放度は低い

図表4－7には、OECDの前記の統計にある総人口中の「外国生まれ」と「外国人」の比率を示した。移民の多さを示しているのは、「総人口中の外国生まれ」の比率であろう。しかし、OECDのこの統計には日本の数字がないので、「総人口中の外国人」の比率も見ることとした。

概して、「外国生まれ」の比率は、「外国人比率」の5割増し程度である。それが日本にも当てはまるとすれば、日本の「外国生まれ」は2・6％程度となり、ヨーロッパ諸国やアメリカなどが15％程度であるのに対して、6分の1程度の水準でしかない。つまり、日本は移民に対して厳しい制約をかけていることになる。

世界各国間の移民マトリックスを、世界銀行が作成している。それを見ると、イギリスが日本ときわめて対照的な姿を示していることが注目される。イギリスの人口は日本の約半分だが、移民の「出」は日本の6・1倍、移民の「入り」（受け入れ）は日本の3・2倍になる。イギリスが世界に向かって開かれているのに対して、日本は閉じていることがよく分かる。国土の物理

図表4-7　総人口中の「外国生まれ」と「外国人」の比率

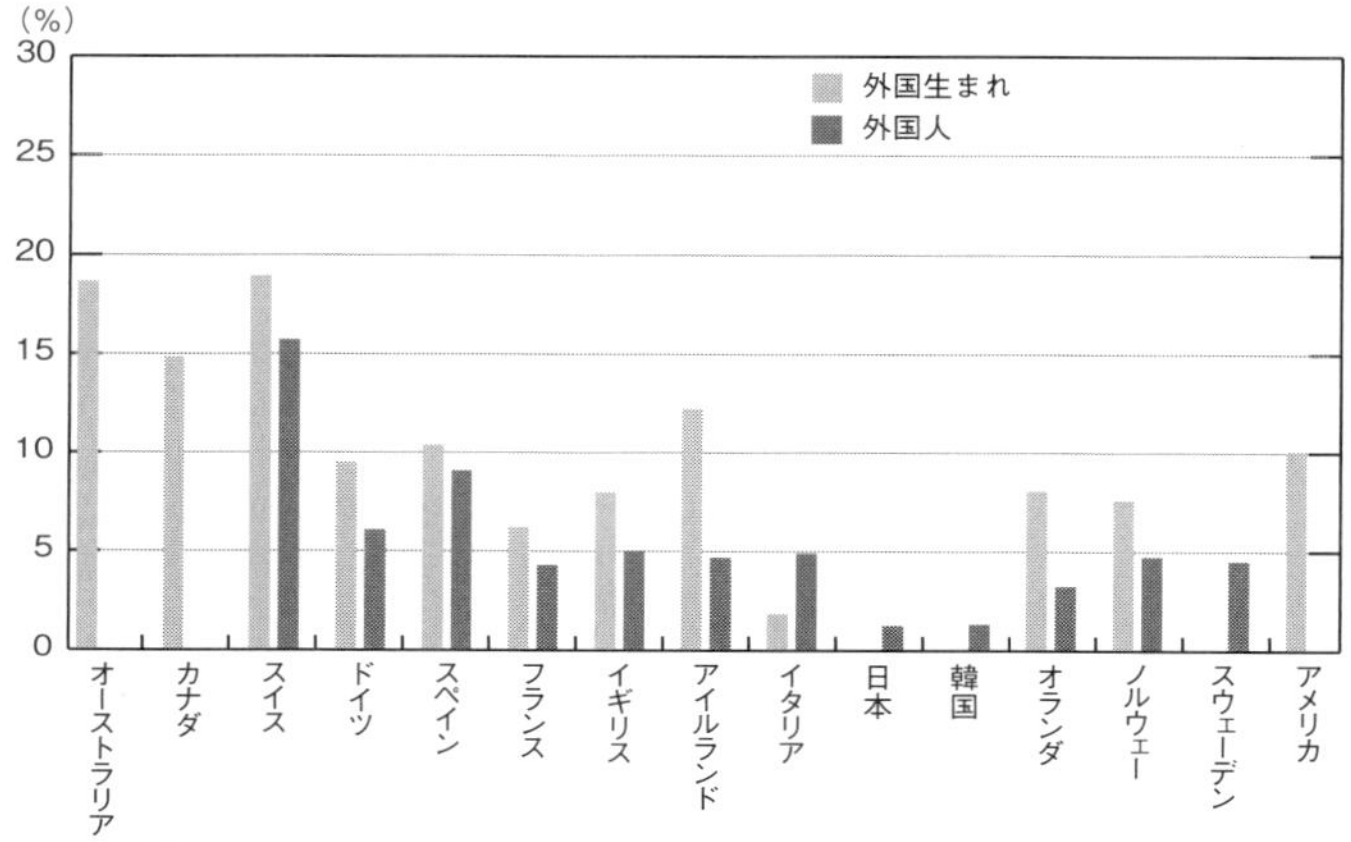

（資料）OECD, *International Migration Outlook 2013*

的条件は類似しているにもかかわらず、イギリスが世界に向かって開かれた海洋国家であるのに対して、日本は海によって外国から遮断された島国なのだ。

中国、韓国、フィリピン、タイといったアジアの国からの移民の受け入れに関するかぎり、イギリスは日本より少ない。しかしこれは、日本の移民受け入れがアジアからの移民に偏っているからだ。日本ではこれら諸国からの移民は全体の約3分の2を占めるが、イギリスでは4％でしかない。

旧植民地との強い関係があること、英語が世界語であることから、イギリスはグローバリゼーションで有利な立場にあるとよく指摘される。しかし、イギリスの開放性は、対外投資や対内投資の大きさを見ても確認できることだ。そうした指標で見ても、日本の閉鎖性は否定できない事実なのである。

日本とアメリカの差も大きい。移民の受け入れは、日本の約20倍になる。中国、韓国、フィリピン、タイなどのアジアの国からの移民も、日本よりずっと多い。

補論1　正規と非正規労働者

（A）２０１４年9月の計数は、つぎのようになっている。

・労働力調査：雇用者５６００万人、正規の職員・従業員３３０５万人、非正規の職員・従業員１９４８万人（うちパート・アルバイト１３３３万人）。

・毎月勤労統計調査：労働者総数４７０５万人、一般労働者３２９８万人、パートタイム労働者１４０７万人。

労働力調査における正規の職員・従業員と毎月勤労統計調査における一般労働者は、ほぼ同数である。また、労働力調査におけるパート・アルバイトと毎月勤労統計調査におけるパートタイム労働者もほぼ同数である。総数における違いは、労働力調査においてパート・アルバイトでない非正規の職員・従業員がいることなどによる。

（B）健康保険・厚生年金保険に関しては、つぎの条件をすべて満たす者はパートタイマーであっても原則として被保険者となる。

（1）1日または1週間の労働時間が正社員の概ね4分の3以上であること。（2）1カ月の労働日数が正社員の概ね4分の3以上であること。

逆に言えば、これらのどちらかを満たさない場合には、健康保険・厚生年金保険に加入する必要はなく、雇用主は雇用主負担を免れるわけだ。なお、2カ月以内の雇用期間を定めて雇用される者は、この条件を満たしていても、社会保険の適用除外者となる。16年4月からは、従業員501人以上の企業で週20時間以上働く労働者は、強制的に被保険者とされる。

補論2 「医療・介護従事者」の定義

（1）厚生労働省が定義する「医療関係者」

（1－1）「医療・介護に係る長期推計」によると、2011年の「医療・介護マンパワー」は、合計で462万人。その内訳は、医師29万人、看護職員141万人、介護職員140万人、医療その他職員85万人、介護その他職員66万人となっている。

（1－2）医師等については、厚生労働省「医師・歯科医師・薬剤師調査」に詳しい統計がある。それによれば、12年末において、医師30・3万人、歯科医師10・3万人、薬剤師28・0万人である。

（1－3）看護師等については、厚生労働省「衛生行政報告例」に数字がある。それによれば、

12年で看護師101・6万人、准看護師35・8万人だ（前記「医療・介護マンパワー」における「看護職員」は、看護師と准看護師の合計と考えられる）。

（1－4）なお、厚生労働省「13年　我が国の保健統計（業務・加工統計）」に概略の説明がある。『厚生労働白書』資料編（44ページ）は、「医療関係従事者数」を定義している。ここには、前記（1－2）の医師・歯科医師・薬剤師、（1－3）の看護師等のほか、理学療法士や就業歯科衛生士等が含まれる。

（1－1）における「医療・介護マンパワー」は、これらの合計に介護関係就業者を加えたものと考えられる。前記の数字（11年で462万人）は、労働力調査における「医療、福祉」の就業者数678万人（11年）に比べるとかなり少ないが、これは、労働力調査における範囲が広く設定されているためと考えられる。

（2）法人企業統計における「医療、福祉業」

法人企業統計には、「医療、福祉業」という分類がある。この産業の期中平均従業員数は、11年度で88・9万人、13年度で80・5万人だ。この統計は民間法人企業のみを対象としており、国公立機関を含んでいないために、（1）の計数よりかなり小さなものとなっている。

（3）賃金構造基本調査

「13年賃金構造基本統計調査」によると、企業規模計・民営事業所で、医療業166万人、保健衛生3万人、社会保険・社会福祉・介護事業143万人、合計312万人だ。民営事業所のみに限定しているため、「医療・介護マンパワー」の数字より小さくなるのだと考えられる。

(4) 毎月勤労統計調査

厚生労働省「毎月勤労統計調査」では、産業別の雇用指数は分かるが、実数は分からない。医療・福祉は00年から数字が分かる。

第5章

医療と介護の問題はどうすれば解決できるか

医療費や介護費の増加は、主として高齢者人口の増加による。ただ、それだけでなく、費用負担制度の影響も大きい。1960年代末から70年代初めにかけて行なわれた老人医療無料化は、高齢者の受診率を大きく高めた。現在でも高齢者の自己負担率は抑えられている。介護保険においても、公費負担の比率は高い。このような構造を今後も続けることが望ましいか否かが検討されなければならない。介護に関しては、在宅介護を中心とする方策が取られているが、この方向が正しいかどうかも問題だ。高齢者の保有する資産を、リバースモーゲッジなどの方法で流動化し、これを介護費用にあてることも検討されるべきだ。

1 医療・介護費はどれだけ増加するか

経済全体の問題として捉える必要がある

社会保障に関する議論の多くは、社会保障という枠内に限定されたものだ。しかし、社会保障の問題は、経済全体の問題とのかかわりで捉える必要がある。

費用負担問題が財政全体の問題にかかわっていることは言うまでもない。また、医療や介護に必要な労働力を確保できるか否かは、労働市場全体を見ないと判断できない。介護の場合には、女性の労働参加、相続税制、金融制度、移民政策などとの関連などがある。医療は介護より規模が大きいので、経済全体とのかかわりはより重要だ。

医療・介護は、産業としては特殊な性質を持っている。他の産業であれば、製品が製造されたりサービスが提供されたりすれば、その消費によって生活が豊かになる。製品の場合は、輸出することもできる。また、投資すれば将来の生産力が上がる。

しかし、医療・介護サービスはこうしたものとは違う。サービスが増加すれば生活がより豊かになるわけではない。サービスがないと生活水準が低下するのを食い止めるだけだ。しかも、医療・介護サービスを受けるか否かをまったく自由に選択できるわけではない。この意味で、医療・介護サービスは、災害復旧事業に似ている。災害で住宅や社会資本が損傷したのを放置すれば、生活水準が低下する。だから、復旧事業をしなければならない。この活動はＧＤＰに含まれる。しかし、それによってわれわれは積極的に豊かになるのではない。貧しくなるのを防ぐだけだ。

以上の意味で、医療・介護活動は、付加価値の生産という性格は持つものの、経済にとってコストとしての性格も持っている。それに多くの労働力や資源を割かれれば、他の生産活動を縮小せざるをえなくなるからだ。その意味で、医療・介護活動の拡大は、経済全体にマイナスの影響を与える。その負担を補うために、生産性の高い産業が生み出されなければならないのである。

医療・介護は、従来の社会にもあったが、ウエイトはそれほど高くなかった。しかし、今後はきわめて大きなウエイトを持つものになる。

また、医療も介護も、公的な関与の度合いが高く、費用のうちかなりの部分が公費で負担されている。したがって、医療や介護を純粋に民間の活動にゆだねるのはほぼ不可能だ。すでにその規模がＧＤＰの１割を超えるものとなっており、今後も人口高齢化によって規模が拡大することを考えると、日本において「小さな政府」という選択は、もはやありえないものになっている。

高齢化で国民医療費の対ＧＤＰ比率が上昇

厚生労働省の「２０１１年度 国民医療費の概況」によると、11年度の国民医療費は38兆５８５０億円で、ＧＤＰに対する比率は８・15％だ。(注1)

国民医療費の推移をやや長期的に見ると、１９８８年度には18兆７５５４億円だったので、現在の総額は約2倍になっている。年間伸び率を見ると、２００７年以降の増加率は２～３％程度だ。１９６０年代から70年代にかけては年間増加率が20％を超えていたときも多かったので、それに比べれば増加率は低下したといえる。

医療費の伸びが鈍化したのは、経済成長率や物価上昇率が鈍化したためでもある。そこでGDPに対する比率を見ると、70年代後半から80年代前半に比率がほぼ一定になったことを除けば、長期的に見て上昇傾向にある。とくに90年代以降の上昇が顕著である。この結果、GDPに対する医療費の比率は、50年代後半から70年代前半にかけてはほぼ3％程度であったが、80年代になって5％程度となった。そして、2011年度に8％を超えたのである。

介護総費用は、12年度で8・9兆円となった。これは、12年度の名目GDP472・6兆円の1・88％である。

医療・介護費の増加をもたらした要因としてはいくつかのものが考えられるが、最大のものは、高齢者人口の増加だ。

実際、医療費の対GDP比率と人口の年齢構成の関係を見ると、両者の間に高い相関が見られる。65歳以上人口が総人口に占める比率は、1955年には5・3％だったが、85年に10・3％となり、2011年には23・3％となった。65歳以上人口の比率に対する医療費の対GDP比率の割合は、1985年ごろまではほぼ0・5前後の値だった。

ただし、その後、この比率は低下した（2011年では0・35）。こうなった要因としては、医療費抑制もあるだろうが、最大の要因は、00年4月から介護保険制度が開始されたことに伴い、それまで国民医療費の対象となっていた費用の一部が介護保険の費用に移行したことだ。

医療・介護を合わせた費用の対GDP比は、11年度で9・8％程度である。この数字を用いると、前記の比率は0・42となり、1985年度に比べてさほど低下していない。

（注1）「国民医療費」とは、医療機関等における傷病の治療に要する費用を推計したもの。患者の「一部負担額」や「全額自費」は含まれる。他方、正常な出産、差額室料、歯科材料費差額、人間ドック費用などは含まれない。詳細は、厚生労働省「国民医療費の範囲と推計方法の概要」を参照。なお、社会保障給付における医療費も、国立社会保障・人口問題研究所によって推計されている。この額は、国民医療費より若干少ない。

医療・介護費の対GDP比は2025年で13％近くに

厚生労働省による「医療・介護に係る長期推計」（2011年6月）によると、25年における医療・介護費の対GDP比率は、現状投影シナリオで12・8〜12・9％、改革シナリオで13・5〜13・6％だ。

改革シナリオのほうが比率が高くなるのは、医療・介護の提供体制の機能強化を進めることで、在宅ケアなどの介護サービスを中心に費用が増加するためである。

ところで、国立社会保障・人口問題研究所の将来推計人口（12年1月。出生中位、死亡中位）によると、65歳以上人口の比率は11年に23・3％だが、25年に30・3％と、11年の1・3倍となり、さらに40年には、36・1％と、1・5倍になる。医療・介護費の対ＧＤＰ比率が65歳以上人口の比率に比例して上昇するとすれば、11年に9・8％である比率は、25年には12・7％となり、40年には15・2％になるはずだ。25年の数字は、右に見た厚生労働省推計の「現状投影シナリオ」とほとんど同じである。このことからも、「医療・介護費の対ＧＤＰ比は65歳以上人口比に比例する」と考えてよいことが分かる。

2　高齢者医療費の激増は、低すぎる自己負担率が原因？

日本の医療保険制度の概要

医療費の負担はどうなっているのだろうか？

財源の内訳を見ると、図表5－1に示すとおりである。公費が15・1兆円で38・6％（うち、国庫が10・1兆円で25・8％、地方が5兆円で12・8％）、保険料が19・1兆円で48・8％、患者負担が4・7兆円で11・9％となっている。

日本の医療保険の概要は、図表5－2に示すとおりだ。大別すると、サラリーマンが加入する被用者保険（職域保険）と、自営業者・サラリーマン退職者などが加入する国民健康保険（地

図表 5-1　財源別国民医療費

財　源	2012 年度	
	推計額（億円）	構成割合（%）
国民医療費	392,117	100.0
公費	151,459	38.6
国庫	101,138	25.8
地方	50,321	12.8
保険料	191,203	48.8
事業主	79,427	20.3
被保険者	111,776	28.5
その他	49,455	12.6
うち患者負担	46,619	11.9

（資料）厚生労働省「2012 年度 国民医療費の概況」

域保険）、そして、75歳以上が加入する後期高齢者医療制度になる。日本国民は、必ずどこかの医療保険に加入している。被用者保険は職業によっていくつかの種類があり、企業のサラリーマンが加入する健保組合と協会けんぽ、公務員が加入する共済組合などに分かれている。

自己負担率は、70歳未満が3割（義務教育就学前は2割）、70～74歳が2割、75歳以上が1割となっている。ただし、70～74歳の現役並み所得者は3割である（「現役並み所得者」とは、世帯内に課税所得が145万円以上の被保険者がいる場合。課税所得は、収入から公的年金等控除、基礎控除、扶養控除廃止に伴う調整控除などを差し引いたものである）。

老人医療無料化で受診率が急上昇

図表5-2　医療保険制度の比較

	市町村国保	協会けんぽ	組合健保	共済組合	後期高齢者医療制度
加入者数	3466万人	3510万人	2935万人	900万人	1517万人
加入平均年齢	50.4歳	36.4歳	34.3歳	33.3歳	82.0歳
65～74歳の割合	32.5%	5.0%	2.6%	1.4%	2.6%
加入者1人当たり医療費	31.6万円	16.1万円	14.4万円	14.8万円	91.9万円
加入者1人当たり平均所得	83万円	137万円	200万円	230万円	80万円
加入者1人当たり平均保険料	8.3万円	10.5万円	10.6万円	12.6万円	6.7万円
保険料負担率	9.9%	7.6%	5.3%	5.5%	8.4%
公費負担	給付費等の50%	給付費等の16.4%	後期高齢者支援金等の負担が重い保険者等への補助	なし	給付費等の約50%
公費負担額	3兆5006億円	1兆2405億円	274億円	なし	6兆8229億円

（資料）厚生労働省「我が国の医療保険について」

医療費のうち、高齢者（65歳以上）の医療費は約半分と、大きな比重を占めている（図表5－3参照）。しかも、伸び率も高い。高齢者は医療機関にかかる頻度が一般よりも高く、入院日数が長いから、医療費が高くなるのは当然のことだ。厚生労働省の推計によれば、2025年には老人医療費は、国民医療費の約6割に達すると見込まれている。

しかし、高齢者の受療率は、もともとこのように高かったのではなかった。図表5－4で明瞭に分かるように、入院でも外来でも、65歳以上の受療率は、1960年においては他の年齢層とほぼ同一であった。ところが、60年代に急上昇し、他の年齢層の4倍から6倍というかけ離れて高い受療率になったのだ。これは、老人医療無料化の影響が大きい。

図表 5-3 医療費に占める高齢者の割合

	全人口に占める割合（2012年）	国民医療費に占める割合（2011年）	1人当たり医療費（2011年）	1人当たり医療費国庫負担（2011年）
64歳以下	75.9%	44.4%	17.5万円	2.7万円
65〜74歳	12.2%	21.6%	55.3万円	8.5万円
75歳以上	11.9%	34.0%	89.2万円	32.6万円

（資料）財務省「日本の財政関係資料」

それまでは、高齢者でも、国民健康保険加入者の自己負担割合は3割、扶養家族の自己負担割合は5割だった。ところが、69年に東京都と秋田県で老人医療自己負担の無料化が行なわれ、それが他の自治体にも広がった。さらに、田中角栄内閣が73年を福祉元年と位置づけて社会保障の大幅な拡充を図ったが、その一環として老人医療を全額公費負担とし、自己負担をゼロとした。石油ショック直前の当時は、税収が増加しており、将来を考えない人気取り政策が行なわれたのである。

しかし、これによって高齢者の受療率が急上昇し、病院のサロン化や過剰診療が問題となった。また、要介護者の入院の増加などで多くの人が病院を占拠した結果、本当に入院を必要とする人が入院できなくなるような事態も生じた。さらに、医療費、とくに老人医療費が急増した。

これに対してさまざまな措置が取られた。83年から、老人保健制度は市町村の事業となった。原資は、政府および市町村が3割、各保険者からの基金供出金が7割で負担することとなった。ま

図表5-4　年齢階級別に見た受療率の年次推移

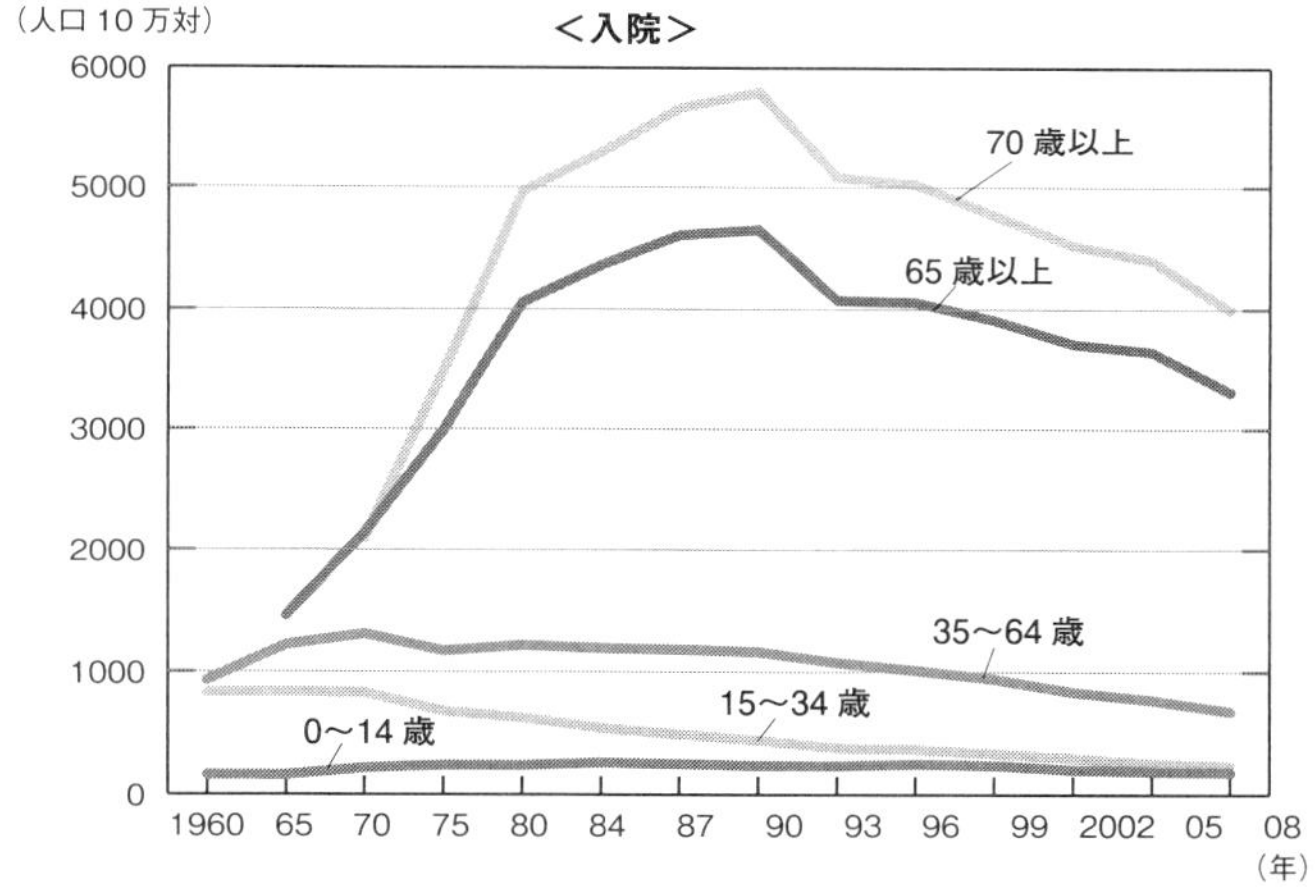

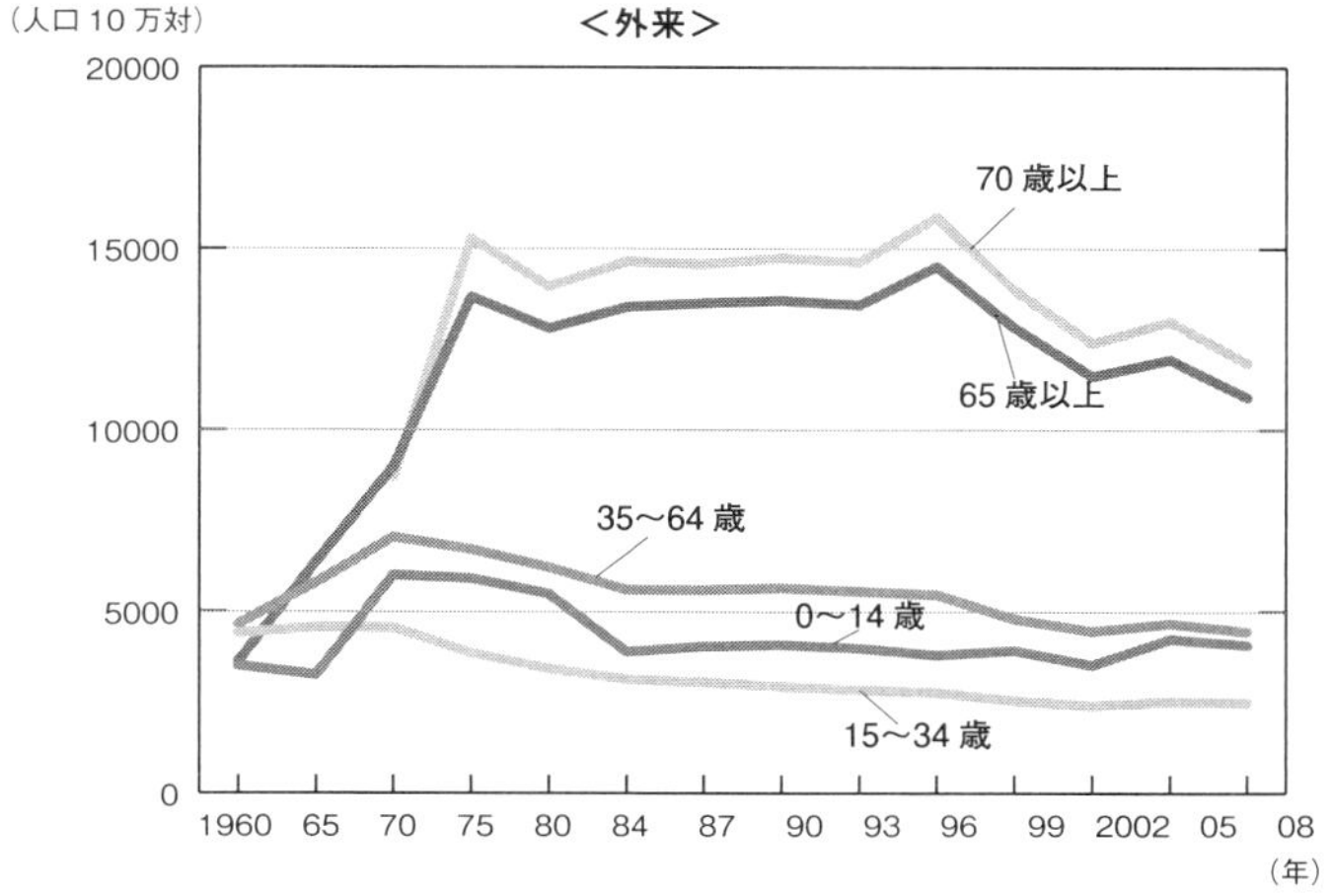

（資料）厚生労働省『2011年度　厚生労働白書』

た、受給者本人にも自己負担が設けられた（外来1カ月400円、入院1日300円）。ところが高齢者医療費は伸び続け、政府は数年おきに自己負担上限額の引き上げを行なわざるをえなくなった。2002年には、老人医療自己負担を1割の定率とすることとなった。それでも、現役世代の拠出金は増え続けた。このため、費用が際限なく現役世代に回されるとし、1999年に老人保健拠出金不払い運動に発展した。こうした経緯を経て、08年に後期高齢者医療制度が発足した。

後期高齢者医療制度は、他の医療保険とは独立した医療保険制度である。都道府県ごとに置かれる後期高齢者医療広域連合が保険者となる。75歳以上の後期高齢者全員と、前期高齢者（65〜74歳）で障害のある者が、現在加入している国保や健保から移行する。保険料は市町村が徴収し、後期高齢者医療広域連合に納付する。徴収方法は特別徴収（年金からの天引き）が原則。なお、前期高齢者（65〜74歳）は、現役世代の医療保険に留まり、保険者間で財政調整支援が行なわれる。医療給付費の5割を公費（内訳は国：都道府県：市町村が4：1：1）で負担し、4割を健保など各医療保険の加入者で負担する（後期高齢者支援金）。

窓口負担は、75歳以上は1割、70代前半は2割とされた。しかし、後期高齢者医療制度への世論の反発が強く、70代前半の窓口負担を1割に凍結した。この措置は終了し、14年4月以降に新たに70歳になった人から、順次2割負担が適用されている。

3　自己負担率の引き上げが必要

給付と負担は世代別で差がある

医療費に関して受益と負担の関係を年齢別に見ると、かなりの差がある。この状況は、図表5－5に示すとおりだ。

20～59歳の層については、医療費より「保険料および自己負担額」のほうが大きい。しかし、60歳以上になると、この関係が逆転し、医療費のほうが「保険料および自己負担額」より大きくなる。

70～79歳では、医療費が1人当たり年額65・5万円であるのに対し、「保険料および自己負担額」は13・2万円でしかない。自己負担は5万円と、医療費の7・6％でしかない。

医療費は、20歳以降は年齢の上昇に伴って増加する。また、「保険料および自己負担額」は、50～59歳層がピークで、それ以降は年齢の上昇に伴って減少する。

医療費の受益と負担がこのような構造となっているので、世代間移転が生じている。これは、公的年金を通じる世代間移転と似た問題だ。ただし、つぎのような差がある。

図表 5-5　年齢階級別1人当たり医療費、自己負担額および保険料の比較

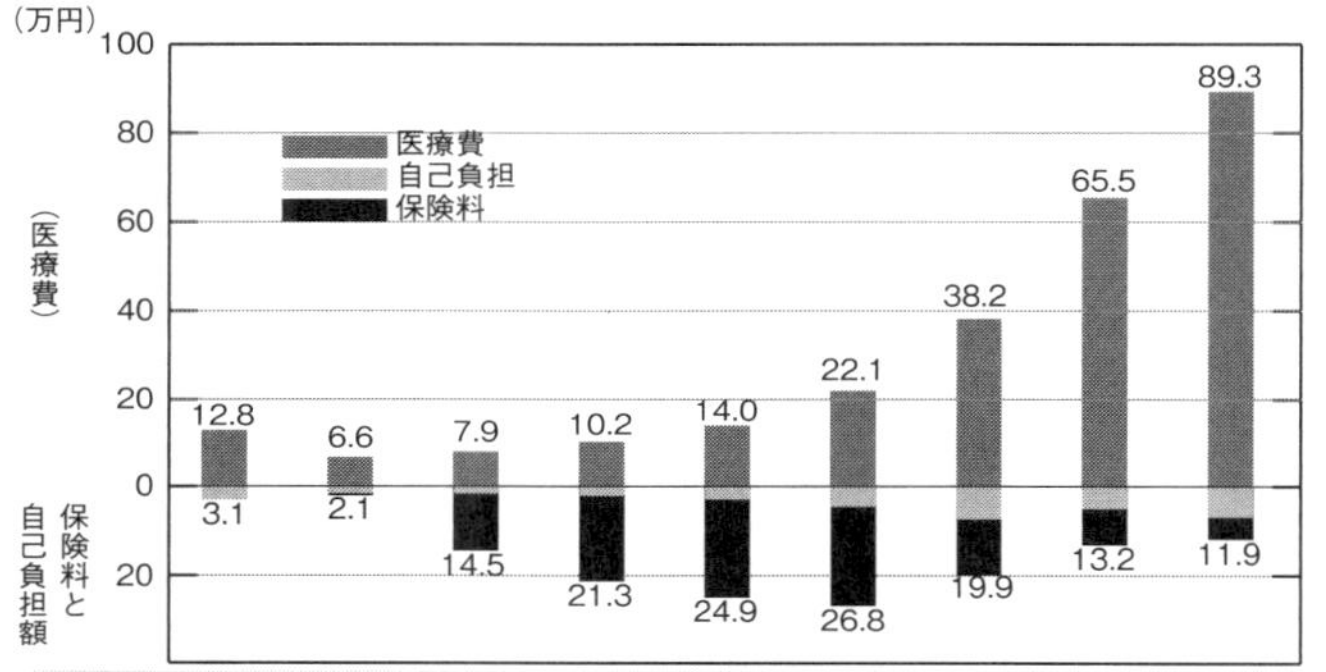

	9歳未満	10〜19	20〜29	30〜39	40〜49	50〜59	60〜69	70〜79	80〜（歳）
自己負担	3.1	1.6	1.6	2.1	2.9	4.5	7.4	5.0	6.9
保険料	0.0	0.5	12.9	19.2	22.0	22.3	12.5	8.1	5.0

（資料）財務省「日本の財政を考える」

第1に、年金の場合には、本来は世代ごとに収支が均等化する積立方式を取るべきであり、当初はそのように意図されたにもかかわらず、十分な保険料を徴収してこなかったために積立金が不足し、賦課方式にならざるをえなかった。他方で、現在の給付は、所得代替率で見ても、過剰気味である。つまり、年金は積立方式が本来の制度であり、賦課方式になっているのは、制度失敗の結果である。

これに対して、医療について世代別の積立方式をとるのは、つぎの理由によって原理的に困難だ（この事情は、介護でも同じである）。

（1）医療技術の進歩によって高額医療が増えたり、人件費の高騰で1人当たり単価が上昇したりするため、将来の現物給付を約束するのが難しい。

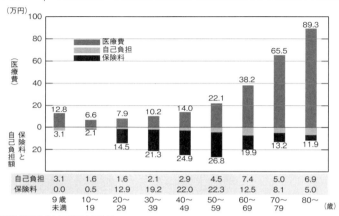

(2) 平均余命の伸長による「絶対的高齢化」が進むと、医療費が増加する(「絶対的高齢化で支出が増える」という点は、年金についても当てはまる)。

このため、医療保険が賦課方式になるのは、現実には避けられない。他方で、1人当たり医療費は高齢者のほうが高い。したがって、医療保険制度を通じる世代間移転が生じるのは不可避だ。このように考えると、問題は、世代間移転というよりは、「高齢者医療が過剰診療になっているかどうか」であることが分かる。

所得再分配のための低料金は問題

窓口負担率(自己負担率)が低過ぎるので過剰診療になっている可能性は高い。支出者が本当の費用を認識できないと、支出は増える。医療費についてこのメカニズムが顕著に働いていることは、老人医療無料化で受療率が急上昇したことを見ても明らかだ。

では、医療費支出は、家計の消費支出のなかでどの程度の比重を占めているだろうか？「2009年全国消費実態調査」によって、「保健医療」のうち「保健医療サービス」が消費支出に占める割合を見ると、平均は2・5%であり、25~59歳ではこれより低いが、60歳以上はこれを超える。75歳以上は3・8%となる。

平均月額は7656円である(年額では9万1872円であり、図表5-5に示す自己負担額より若干多い)。これは、外食費1万2048円、自動車等関係費2万4311円、教養娯楽費3万2262円などと比べるとかなり少ない。したがって、平均値で見るかぎり、医療費の自己負担が家計にとって重い負担になっているとは考えにくい。

もちろん、低所得家計にとっては、医療費の自己負担が重い負担になるだろう。しかし、それは、「医療費」という特定のサービスの自己負担を減らすことによってではなく、一般的な所得保障策あるいは就業支援などによって対処すべき問題だ。「高齢者だから医療費を無料にする必要がある」という論理は成り立たない。これは、人気取り以外のなにものでもないと言わざるをえない。

第4章の4で見たように、現在の制度を維持すれば、2050年ごろにおいて、医療・介護分野での就業者が全就業者の25%にもなる可能性がある。このような経済が維持できないのは明らかだ。「高齢化が進むから医療費が増加するのはやむをえない」とするのでなく、制度の見直しを考える必要がある。

公的主体が財やサービスの供給に関与することが必要になるのは、その財・サービスが公共財である場合か、あるいは所得分配上の必要がある場合である。医療の無料化(あるいは低価格化)は、こうした観点から正当化できるだろうか?

まず、医療給付の受益はほとんど個人に帰属するため、公共財として医療の無料化を正当化することはできない。

医療の無料化を正当化するのは、所得分配上の考慮だ。しかし、公共財ではない特定の財やサービスの価格をゼロあるいは非常に低いレベルにすると、問題が生じることが認識されている。これは、「共有地の悲劇」といわれる現象だ（共有地が無料で開放されるため、過度に利用され、荒廃してしまうという現象）。現在の制度では、つぎの2つの意味において、「共有地の悲劇」問題が生じている。

第1は、窓口負担率が低いために、過剰受診のインセンティブを個人に与えている。

第2は、公費と保険料の分担に関連するものだ。個々の患者の立場から見れば、財源が公費でも保険料でも差はない。しかし、制度関係者が費用効率化のインセンティブを持つか否かは、財源がこのどちらかで影響を受ける。自己負担率は個人の問題だが、公費負担率は組織の問題である。公費負担率が高いと、制度効率化のインセンティブが失われる。

以上から、医療費制度に関して、つぎの方向の改革が必要と考えられる。

(1) 自己負担率の引き上げ

第1は、自己負担率を引き上げることだ。とくに、現在は70～74歳が2割、75歳以上が1割である自己負担率を、一律3割負担にすることが必要だろう。ただし、高額の医療費に対処するため、頭打ちを設ける必要がある。これによって、軽度の疾病について受診率が低下することが期待される。なお、すでに述べたことから、少なくとも平均的に言えば、これが家計にとって著しい負担にはならないと考えられる。

(2) 公費負担率の引き下げ

日本の制度は、全体として見れば4割近い公費負担があり、これが効率化インセンティブを低下させていることは否定できない。したがって、公費負担率を低下させることが必要と考えられる。医療保険制度が独立採算に近づけば、非効率性を是正して制度を維持しようとするインセンティブが関係者に生じるだろう。これによる過剰診療の是正効果も期待される。

なお、アメリカの医療保険が民間保険であるため多数の無保険者がいることが、しばしば批判される。ただし、アメリカにおける問題は、任意加入であることから発生するものだ。強制加入制度を続けるかぎり、無保険者の問題は発生しない。

4 介護保険制度とその問題点

介護保険制度の概要

日本の介護システムの中心にあるのは、2000年4月1日に発足した介護保険制度である。40歳以上の者が被保険者となる。このうち、65歳以上の者を第1号被保険者といい、40歳以上65歳未満の医療保険加入者を第2号被保険者という。介護保険料は全国平均月額で4972円である（12～14年度）。

まず給付を見よう。介護の必要性を判断するために、最も軽度の要支援1から最も重度の要介護5まで、7段階の要介護度が設けられ、介護度ごとに支給限度額が設定されている。支給限度額を超えるサービスを受けた場合、超える分の費用は全額利用者負担となる。また、対象外のサービスは、全額自己負担だ。

さらに、受けたサービスの1割は自己負担となる（なお、15年8月から所得の多い高齢者の介護費の自己負担割合は2割になる）。

「12年度介護保険事業状況報告」によると、要介護者数は13年3月末で、561万人である。これは、第1号被保険者の17・6％だ。サービス受給者は458万人であり、第1号被保険者の14・4％だ。

保険給付額は、13年度で8・1兆である。サービス受給者1人当たりでは、保険給付は年間177万円。月14・7万円だ。これは平均値であるが、介護に必要な費用は、要介護度によって大きく異なる。給付額も介護状態によって大きく違う。

介護保険の保険者は、市町村とされている。介護サービスの費用のうち、被保険者の負担分以外の部分（この部分を「介護給付費」という）の100分の50を被保険者の保険料で、残りの100分の50を公費で賄う。

要介護状態にあることが市町村から認定された被保険者（要介護者）は、保険給付を受ける。これには、訪問介護、通所介護等の居宅サービスと、介護老人福祉施設等における施設サービスがある。

また、「財政安定化基金」と呼ばれるものがある。これは、市町村が通常の努力を行なってもなお生じる保険料の未納や、介護給付費の見込みを上回る伸びなどにより介護保険財政の財源に不足が生じた場合に、市町村に対して資金の貸付けや交付を行なうものだ。これによって、当該市町村の一般会計からの繰り入れを回避する。都道府県は、市町村から財政安定化基金拠出金を徴収し、その3倍に相当する額を安定化基金に繰り入れる。そして国は、都道府県が繰り入れた額の3分の1を財政安定化基金負担金として負担する。

以上のように、介護保険の基本的な性格はつぎの2つだ。

（1）積立金を保有せず、毎年の保険料や公費負担でその年の給付を賄う。

（2）市町村が運営するが、市町村の公費負担は給付総額の8分の1でしかなく、残りはさまざまな形で補助を受ける。

保険制度が市町村別であることの問題

公的年金の運営主体は主として国であるが、介護保険は市町村が運営する。このため第1に、地方財政の圧迫という問題が生じる。

第1号被保険者に占める認定者の比率は、どちらかといえば、地方部で高い。したがって、要介護者が現在よりさらに増加した場合に、「市町村が介護保険の財政負担に耐えられるか？」という問題が発生する。これは、年金財政では発生しない問題だ。

第2の問題は、財政負担構造がもたらす問題である。先に述べたように、介護保険は市町村が運営するが、費用の大部分につき補助を受ける。この構造は、つぎの2つの問題をもたらす。

第1の問題は、モラルハザードだ。サービスの決定を地方で行なう半面で費用の大部分について補助を受けるため、サービスが過剰になる可能性がある。要介護の認定をどの程度厳しく行なうかについては、裁量の余地がある。その決定は市町村に任されている。認定を厳しくすれば、さまざまな批判が生じるだろう。他方で、認定を緩くして給付が増えても、それによる負担のすべてを当該市町村が負うわけではない。したがって、認定が緩くなりがちである。これは、医療の場合にはあまり大きな問題にはならない。裁量の範囲は、介護の場合ほど広くないからだ。

したがって、介護保険を地方財政が受け持つべきかどうかについては疑問がある。介護保険は全国一律の制度であることが望ましい。

介護保険の財政構造が引き起こす第2の問題は、つぎのようなものだ。

もし、全国一律の制度であれば、地価の安い地方部に有料老人ホームを設け、そこでサービスを提供することが考えられる。介護関係者の獲得は地方部で比較的容易なので、こうした配置は望ましいものだ。また、介護関係者の雇用が増えるので、地域振興にも役立つだろう。

しかし、要介護人口が多くなると、介護保険の支出が多くなる。それは、市町村の財政負担を増やすので、市町村は望まないだろう。必要とされる費用の8分の1だけを負担すればよいのだが、要介護者等を増やすことには、多くの市町村が消極的になるだろう。したがって、介護施設の最適な地域配分が阻害されることになる。

5 広義の介護費用をどう負担するか？

介護費用はGDPの4％強

本章の1で述べたように、厚生労働省の資料では、年間介護総費用は2012年度で8・9兆円、対GDP比は1・88%である。

しかし、この中には、家族が提供している家庭内看護にかかわる費用はカウントされていない。これをカウントすれば、介護に必要な費用はもっと大きくなる。日本の介護は在宅介護中心なので、これはかなりのウエイトになっているはずである。

その額を正確に推計するのは難しいが、生命保険文化センターが行なった12年度「生命保険に関する全国実態調査」が参考になる。これはアンケート調査であるが、「世帯主または配偶者が要介護状態となった場合の公的介護保険の範囲外費用に対する経済的備えとして必要と考える資金額」は、平均が月額17・2万円となっている。

有料老人ホームの月額利用料を見ても、月17万円程度である場合が多い。これらから判断すると、この程度（年間約200万円）が、家族が提供している要介護者1人当たりのサービスの価値と考えることができるだろう。要介護等人口が560万人であるので、総計は年間11兆円強だ。これは、GDPの2・4%程度に相当する。

家族が提供するサービスは市場を経由するものでないため、現在の統計ではGDPにカウントされていない。しかし、持家の家賃が帰属家賃としてGDPにカウントされるのと同じ意味で、本来はこれもGDPに含まれるべきだ。そうだとすれば、介護サービスの総額は、厚生労働省の費用8・9兆円と合わせて、GDPの4%強ということになる。これはかなり高い比率である。介護活動は、日本の経済活動の中で、すでに無視しえぬウエイトのものとなっている。しかも、この比率は将来さらに高まることが確実である。

公的主体の責任はどこまでか?

介護保険制度の基本理念は必ずしも明確でない。「介護保険は、介護のうちどこまでを受け持つべきか?」がはっきりしないのである。国や地方公共団体の責任は、介護に関して、そのすべての面倒を見ることではない。実際、前項で見たように、実際にかかる費用のほぼ半分は家族メンバーが提供している。

公的主体の果たすべき機能は、つぎの2つであると考えられる。第1は保険機能、つまり、民間では対処できないリスクへの対処である。第2は所得再分配機能、つまり、所得の低い人や介護サービスを提供してくれる家族メンバーがいない人にサービスを提供することだ。

まず、第1の保険機能を考えよう。介護のかなりの部分を民間保険で対処することは、原理的には考えられなくはない。人々は、労働期において、将来に要介護状態になる危険に備えて、民間の保険会社が提供する介護保険に加入する。そして、老年期において実際に要介護状態になったら、保険の給付を受けるのである。明示的な形の保険でなくとも、資産の蓄積で対処することもできる。介護の必要度はある程度は予測できるから、どの程度積み立てるべきかも、ある程度は予測できる。ただし、不動産や金融資産の蓄積は、リスク対処という意味では、保険に及ばない。

ところで、介護を民間の保険だけで対処しようとすると、つぎの2つの問題が発生する。

(1)加入した介護保険で対応できる限度を超えた介護状態に陥る可能性がある。要介護度、介護必要期間のどちらにおいても、この問題が発生する。

(2)民間が提供する保険は金銭の給付しかできず、実物給付をできない。将来介護の費用が上昇してしまうと、実質サービスの意味で、必要な介護サービスを受けられない。

したがって、何らかの形での公的主体の関与が必要になる。なお、右のいずれも、リスクの問題であることに注意が必要だ。(1)は、必要な介護サービスの総量に関するリスクである。(2)は、将来の介護コストに関するリスクである。

本来の意味での「社会保険」は、リスク対処のための制度である。民間の保険では対処できないリスクに対処するため、公的な保険とするのだ。介護保険にその性質があることは言うまでもない。それは、本来は再分配を伴わない仕組みである。しかし、現実の介護保険は、保険機能だけを果たしているのではない。所得再分配制度としての側面もある。

現実には自己負担を除く費用の2分の1を保険料で賄い、残りを公費で賄っているのだから、2分の1が保険で、2分の1は所得再分配だと言ってよい。「介護保険」という名称から、これが保険機能だけを果たす制度であるかのような錯覚に陥りやすいのだが、現実には所得再分配制度の側面が半分もあるのだ。

厚生労働省「11年度国民医療費の概況」によると、医療費の公費分は38・4％、保険料分は48・6％だ。また、基礎年金の国庫負担率は2分の1だが、厚生年金保険の場合は国庫負担率はもっと低くなる。これらと比べると、介護保険は所得再分配機能の比重が高い。

そうであれば、当然、所得制限、資産制限が必要になる。しかし、実際には、どちらも十分でない。このため、世代間、個人間で大きな不公平が発生する危険がある。

しかも、介護保険は昔から存在していた制度ではなく、比較的新しい制度だ。したがって、現在給付を受けている人の大部分は、フェアな保険で正当化できる以上の給付を受けている。このため、世代間の不公平が発生する。

資産保有を考慮する必要

現実の制度において、介護サービスへの給付や介護施設の利用に関して、一定の所得制限が課せられることはある。しかし、それほど厳しい制限ではない。また、これらは所得に関する制限であり、資産保有額に関する制限ではない。介護保険は、ミーンズテスト（資力調査）なき再分配制度だ。多額の資産を持つ人が、過去にあまり保険料を支払わずに介護保険の給付を受けられるので、資産を介護に使わなくてすむ。そして、資産は相続される。他方において、若年労働者が負担を負う。これは大きな不公平だ。介護保険がない社会に比べて、資産分布の不平等度を増す危険がある。

したがって、介護保険の給付にあたって資産制約を課すべきだ。つまり、多額の資産を保有する人には、介護保険の給付を制限すべきである。もちろん、「資産はあっても所得はない」という人は多いので、仮に資産テストが導入されると、介護費用を賄えなくなる場合も生じるかもしれない。これに対処するには、公的主体が住宅資産を流動化させる制度を用意すればよい。「リバースモーゲッジ」は、そのような制度だ。これに関しては、本章の6で述べる。

ただし、現在の介護保険の仕組みで、要介護者の資産を正確に把握するのは難しい。そこで、税制を活用することが考えられる。つまり、資産課税を強化し、それを介護保険の財源として用いるのである。

現実の税制では、金融資産は分離課税とされており、課税が不十分だ。不動産は、相続の際には課税されるが、保有に対する固定資産税は、負担がさほど重くない。本来は高齢化社会の進展に対応してこれらの負担を増すべきだが、現実にはそうなっていないのである。財務省の資料によると、国税・地方税総額のうち、資産課税等の占める比率は、2014年度において14・9％だ。これは、過去の負担率に比べて、むしろ低下している。NISA（14年1月から始まった少額投資非課税制度）のような仕組みは、高齢化社会の要請に逆行するものだ。

消費税を社会保障の財源にすべきだとする考えが強い。しかし、消費税が高齢化社会の財源として合理的なものだという理由はない。これは、単に課税の容易性に基づく判断であり、世代間公平を考えた場合には問題が多い。

6 リバースモーゲッジを介護に活用する

自己負担分を貸し付けて、相続税で清算する

前節で、介護保険の給付に関して資産制約を導入すべきだと述べた。具体的には、一定以上の資産を保有する者に対しては、自己負担率を高めることが考えられる。

まず、資産制約が必要であることを見るために、「2009年全国消費実態調査」によって、年齢階級別の資産保有状況を見ると、世帯主の年齢が高くなるほど資産合計が増加していることが分かる。金融資産も住宅・宅地資産も増える。住宅保有率は、60歳以上では9割を超える。

他方で、消費支出は50～59歳をピークに減少する。つまり、高齢者世帯は、「あまり消費しないが、多額の資産を保有する世帯」なのである。

一方、すでに見たように、介護保険の給付の半分は公費によって賄われている。こうした状況を見れば、給付に資産制約を課すことは、世代間公平の観点から必要であることが分かる。

ただし、資産制約を現実に実行しようとすると、流動性が十分でないという問題が生じる。これはとくに不動産について大きな問題となる。多額の不動産を所有していても、居住用資産である場合には現金の収入をもたらさない。高齢者家計の多くは現金の収入を持たないので、自己負担を求められても払えないのだ。

これに対処するには、つぎの2つの方法がありうる。第1は、相続税において調整することである。すなわち、現金収入が不十分な場合、自己負担に相当する額は、介護保険からの貸付とする。そして、不動産の相続時において、貸付の元利合計額に相当する額を相続税に上乗せして徴収するのである。このようにすれば、多額の不動産を保有する家計は、そうでない家計に比べてより多くの自己負担を負うことになる。

言うまでもないことであるが、この方式を取る場合には、介護保険制度と相続税制度との連携が必要になる。もともと税と社会保障制度は密接な関連があり、両者の一体的な運営が必要なのである。現実の世界では、税を所轄する官庁と社会保障を所轄する官庁が別であるため、このような連携作業を行ないにくい。しかし、そうした制度的バリアは克服される必要がある。

ストックをフローに転換する

第2は、リバースモーゲッジの活用である。

「リバースモーゲッジ」とは、自宅を担保にして、金融機関から借り入れる仕組みである。契約期間中は、担保になっている家に住み続けられる。

通常の住宅ローンでは、最初に全額を一括して借り入れ、その後、元本を徐々に返済していく。したがって、時間の経過とともに借入残高が減少していく。それに対してこの仕組みでは、借入残高は、時間の経過とともに徐々に増えていく。このため、「リバース」（逆）モーゲッジと呼ばれるのである。借入金の元利合計は、契約終了時（契約の満期または契約者死亡時）に一括返済する。ただし、通常は現金で返済することは予定されておらず、担保物件を返済に充当することを予定している。

これは、不動産を流動化するための仕組みだ。つまり、「居住用資産」（住宅）というストックをフローに転換するための仕組みである。高度成長期においては、住宅金融公庫を設立して住宅貸付を行ない、住宅建設を促進した。これは、「所得」（とくに賃金所得）というフローを住宅というストックに転換するための仕組みである。この時代においては、フローを担保にしてストックを供給する必要があったのだ。これに対して高齢化社会においては、ストックを担保にしてフローを供給する仕組みが必要になる。このため、住宅ローンを逆にしたリバースモーゲッジが必要になるのである。

リバースモーゲッジと介護を関連付ける

人々は、将来必要となるかもしれない介護費用を予想して、若年時に貯蓄する。蓄積した資産の多くは、不動産という形になっている。そこで、リバースモーゲッジを介護に活用することが考えられる。すなわち、リバースモーゲッジで得られる現金を介護保険の自己負担に充てる。なお、リバースモーゲッジで得られる現金を、介護保険の自己負担分だけでなく、介護保険の限度を超える費用に使うことも可能である。こうすれば、介護保険の枠内にとらわれることなく、不動産として蓄積された貯蓄を介護に充てることができるわけだ。

人口の年齢構成が大きく変化する日本社会において、資産の世代間移転をスムーズにかつ公平に行なうために、こうした仕組みが求められている。

不動産を売却すればフロー化することはできるのだが、それでは自宅に住み続けることができなくなる。したがって、介護施設に移らざるをえなくなるだろう。それでよい場合もあるだろうし、そうした住み替えを行なうほうが望ましい場合もあるだろう。これに関する事情は、家族構成や介護の必要度等によりさまざまだ。自宅に住み続けながら在宅介護サービスを受けたいという人も多いだろう。リバースモーゲッジを活用すれば、自宅に住み続けながら現金収入が得られるので、それを在宅介護費用に利用することができる。

厚生労働省は、「在宅医療・介護の推進について」において、「できる限り、住み慣れた地域で必要な医療・介護サービスを受けつつ、安心して自分らしい生活を実現できる社会を目指す」としている。その理由として、「国民の60％以上が自宅での療養を望んでいる」「要介護状態になっても、自宅や子供・親族の家での介護を希望する人が4割を超えた」ことを挙げている。

在宅介護が本当に国民が望んでいるものか否かは疑問の余地なしとしないが、介護保険制度の財政面からの要請があることも否定できない。特別養護老人ホーム（特養）は、「要介護3」以上の者の入所を優先してきたが、「要介護2」以下の者の入所を制限してはいなかった。現在、軽度者が特養入所者全体の1割を占めると言われる。

こうした状況を踏まえ、厚生労働省は、２０１５年度から「要介護2」以下の人には新たな入所を認めない方針を打ち出した。その半面で、在宅介護の質の低下を防ぐための施策を打ち出している。在宅介護の方向をさらに進めるのであれば、リバースモーゲッジの制度整備は不可欠のことだ。リバースモーゲッジは、狭い意味での「社会保障制度」の枠組みを超えるものである。しかし、そうした従来の枠組みにとらわれることなく、積極的に関与することが望まれる。

ところで、リバースモーゲッジを利用する場合、つぎのような不確実性が発生する。

（1）契約の満期を超えて長生きする場合、あるいは、必要とされる自己負担額が多額になる場合、担保物件の価値が借入残高を下回る「担保割れ」が発生する可能性がある。

（2）逆に、契約の満期前に死亡する、あるいは、必要とされる自己負担額が少額で済んだため、余ってしまう場合もある。

つまり、死亡時に不動産の価値をちょうど使い切れるかどうかについて、不確実性があるのだ。この問題を、保険原理で解決することが考えられる。つまり、大数の法則を利用してグループ全体としてバランスさせるのである。すなわち、リバースモーゲッジの契約を行なう際に、生涯にわたる自己負担分が賄われることが保障される。しかし、一方において、生涯にわたる自己負担分が資産価値を下回る場合には、「払い戻し」はしないこととする。

こうした仕組みを実際に運営するには、さまざまな問題が克服されなければならない。とりわけ、資産額の評価、それに応じた貸付額の設定などは、十分慎重に行なわれる必要があるだろう。このため、簡単に実行できるものではないが、今後の課題として検討する必要がある。

第6章

公的年金の問題はどうすれば解決できるか

社会保障の中で医療・介護と並んで重要なのは、年金だ。年金は長期間にわたる制度なので、問題が複雑だ。以下では、マクロ経済スライドや年金支給開始年齢引き上げが年金財政に与える影響を中心として分析を行なう。財政破綻を回避するには、実質賃金の引き上げが必要だ。それができなければ、マクロ経済スライドを経済情勢にかかわりなく強行するか、既裁定年金（すでに支給されている年金）も含めて支給開始年齢の引き上げを行なう必要がある。

1 財政検証の非現実的な前提

財政検証とは

年金財政に関する政府の長期的な見通しは、「財政検証」に示されている。これは、2004年の年金制度改正の際に導入されたものであり、財政状況を検証し、5年に一度、「財政の現況及び見通し」を作成するものだ。概ね100年間にわたる年金財政の見通しが示されている。

財政検証の本来の目的は、負担を所与とした場合に、どの程度の給付水準調整が必要かを客観的に示すことである。しかし、04年に年金制度改正を行なった際に、「100年安心年金」のキャッチフレーズの下に所得代替率を50％に維持することを公約として掲げたため、「50％以上の所得代替率を今後100年にわたって維持する」ことが可能であるのを示すことが目的となってしまっている（「所得代替率」とは、現役男子の手取り収入を100とした場合に、年金給付額がどの程度の水準になるかを示す指標。財政検証では、「40年間平均的な収入だった会社員の夫と、専業主婦だった妻」のモデル世帯の年金を指標としている）。

このため、以下に示すように、不自然としか言いようのない非現実的な前提を仮定して、その結論を引き出している。したがって、財政検証を無批判に受け入れるのでなく、その内容を定量的に検討することが必要だ。その際の最大の問題は、何が結果に大きな影響を与える変数かを見出し、それに関する仮定を現実的なものにした場合に、結果がどのように変わるかを検討することだ。

前回の財政検証は09年2月に公表された。これによれば、厚生年金の積立金は、今後100年間枯渇しないことになっている。しかし、これは、非現実的なほどに楽観的な経済前提に立脚している。最大の問題点は、賃金上昇率が高い値に仮定されていることだ。

この仮定を変えれば、結論は大きく変わる。実際、賃金に関する現実的な見通しを置けば、30年度ごろに厚生年金の積立金が枯渇すると予測される（拙著、『日本を破滅から救うための経済学』ダイヤモンド社、10年を参照）。つまり、「日本の公的年金制度は2040年問題を克服できない」のである。

14年財政検証では所得代替率が問題とされた

２０１４年は財政検証の年にあたり、６月に「14年財政検証結果」が発表された。今回の検証では、いくつかのマクロ経済変数についての異なる条件を置いた８通りのケースを並列的に示し、標準的なシナリオは示さなかった。

大きく分けると、（１）経済が順調に成長するケース（ケースＡ〜Ｅ：労働市場への参加が進むケース）と、（２）マイナス成長となるケース（ケースＦ〜Ｈ：労働市場への参加が進まないケース）になる。所得代替率を中心に見ると、14年財政検証の結果は、つぎのとおりだ。

（１）所得代替率は、今後は徐々に低下する。経済が順調に成長するケースでは、最悪の場合に43年度に50・６％となるものの、それ以降も50％以上は維持される。しかしマイナス成長となるケースでは、48年度には50％に達し、それ以降は50％を割り込む。

（２）基礎年金の所得代替率が下がる。43年度における基礎年金の所得代替率は、25・６〜26％程度に下がる。

なお、14年に65歳を迎える世代の年金水準は62・７％である。この数値は、５年前の値より高い。こうなったのは、賃金が低下する一方で、年金に関して物価下落に対する減額措置が十分に行なわれなかったからだ。

財政検証は所得代替率を中心に議論を行なっているため、これに対する報道や解説も所得代替率を中心にしたものが多かった。所得代替率が低下することは、確かに無視できない問題である。ただし、年金制度の存続にかかわるような重大問題ではない。年金制度には、実はもっと重大な問題が隠されているのである。それについて、以下で検討する。

加入者数の楽観的見通しで収支が改善

前述のように、２００９年の財政検証では、賃金に関する現実的な見通しを置けば30年度ごろに厚生年金の積立金が枯渇する。ところが、今回の財政検証では、最も悲観的な場合（ケースH）でも、厚生年金には積立金が残り、年金財政は破綻しないのである（ただし、国民年金は、完全賦課に移行する）。

09年財政検証で示された厚生年金の問題の本質は、今後30年の間に、保険料納付者が約２割減り、他方で受給者が約２割増えることだ。だから、虚心坦懐に考えれば、いつかは破綻するはずなのである。

この基本的条件は、いまでも変わらない。それにもかかわらず、なぜ破綻が回避されるのか？　それは、いくつかの設定によって、問題点が覆い隠されているからである。とくに大きなものとして、つぎの２つがある。

第1は、加入者の増加が想定されていることだ。これは、2つの要因による。まず、女性や高齢者の労働参加が増加すると想定されている（ケースA～E）。しかし、これは、よほどの政策努力がないと実現できないだろう。加入者が増える第2の要因は、15年10月から共済年金が厚生年金と統合されることである。これによって、保険料納付者の減少が抑えられる。なお、統合によって積立金も増える。しかし、統合は、本当の意味での年金改革とは言えない。この問題は本章の2で詳しく述べる。

実質賃金の想定は楽観的過ぎる

破綻が回避される第2の理由は、マクロ変数の想定が楽観的なことだ。年金財政収支に影響を与えるマクロ経済の変数のうち主要なものは、消費者物価、実質賃金、および運用利回りである。とくに重要なのは、実質賃金上昇率だ。これが高いほど、年金財政の収支は好転する。その理由は、つぎのとおりだ。

保険料収入は、加入者数と保険料率を所与とすれば、名目賃金上昇率によって決まる。他方で給付は、既裁定年金額と物価上昇率によって決まる。既裁定年金額は今後の名目賃金にも影響されるが、今後10～20年程度の期間を考えるのであれば、その影響は無視してもよいだろう。すると、給付は物価上昇率によって決まると近似できる。したがって、年金財政は、名目賃金上昇率と物価上昇率の差、つまり実質賃金上昇率に強く影響されるのである。

実質賃金上昇率は、2004年の再計算では1.1%、09年の財政検証では1.5%とされた。今回は、0.7%から2.3%の値が想定されている。ところで、この値は、現実の実質賃金に比べて著しく高い。実際には、第4章でも見たように、最近の実質賃金の対前年上昇率はマイナスになっている。財政検証では、ケースA~Hまでのすべてのケースにおいて実質賃金伸び率はプラスと想定されているが、これは楽観的と言わざるをない。ケースHでは、実質成長率がマイナスであるにもかかわらず、実質賃金の伸び率がプラスだ。これはありえない姿である。

運用利回りは、1.7~3.4%の値が想定されている。この値も高過ぎる。ここ1~2年程度は円安による株高の効果があったが、それはあくまでも一時的なものだ。日本経済の長期的成長ポテンシャルを考えると、あまりに楽観的な数字と言わざるをえない。

また、後述のように、14年度における運用収入は2.3兆円であり、保険料収入30.5兆円の7.5%にすぎない。一般に運用利回りの高さが批判されることが多く、事実それは問題なのであるが、金額的に見てそれより遥かに大きな影響があるのは、保険料収入の見通しだ。

したがって、実質賃金上昇率に関して現実的な値を想定した場合を検討する必要がある。このためには、2つの方法がある。第1は、財政検証の数字を基として、これに部分的な調整を加えることだ。本章の2と3では、この方法で検討する。第2は、加入者、受給者の数字を基として、財政検証とは独立にシミュレーション推計を行なうことだ。本章の4と5では、この方法で検討する。

2 現実的な前提では2031年度に破綻

共済年金が厚生年金を助ける

以下では、まず加入者の推移を検討し、つぎに、賃金伸び率などについて現実的な値を仮定した場合に結果がどう変わるかを見ることとしよう。

なお、運用利回りの点は、本章の4で検討する。また、財政検証では、マクロ経済スライドが順調に行なわれることが前提とされており、これも収支改善に寄与しているが、この点は本章の3と5で検討する。

保険料収入は、保険料率を所与とすれば、名目賃金だけでなく、保険料納付者数によっても大きな影響を受ける。加入者数の推移を今回の財政検証で見ると、つぎのとおりだ。

「出生中位、死亡中位。労働市場への参加が進むケース（ケースA～E）」では、被用者年金被保険者合計は、2014年度の39・2百万人から、40年度の34・3百万人になる。つまり、87・

図表 6-1　**公的年金被保険者数の将来見通し**

（a、b の単位：百万人）

		ケースA～E			ケースF～H		
		被用者年金被保険者合計	厚生年金	共済年金	被用者年金被保険者合計	厚生年金	共済年金
a	2014 年度	39.2	34.8	4.4	38.7	34.3	4.4
b	2040 年度	34.3	30.6	3.7	30.5	26.8	3.7
b/a	2040/2014 年度	87.5%	87.9%	84.1%	78.8%	78.1%	84.1%

（資料）厚生労働省「2014年財政検証結果」

5％にまで減少する（図表6－1参照）。40年度の被保険者数は、09年の際の見通しよりもかなり多い。これは、労働市場への参加が進むとされる結果、旧厚生年金の被保険者数が14年度の87・9％にとどまるためである。

しかし、「出生中位、死亡中位。労働市場への参加が進まないケース（ケースF～H）」を見ると、被用者年金被保険者合計は、14年度の38・7百万人から、40年度の30・5百万人へと、78・8％に減少する。ケースF～Hの場合には、旧厚生年金被保険者数は、40年度において26・8百万人にしかならない。この結果、旧厚生年金被保険者数は、14年度の78・1％にまで減少してしまう。これは、09年における見通しより厳しい結果だ。

被用者年金全体の減少率が78・8％にとどまるのは、共済年金の被保険者数がケースA～Eと同じ値であることの影響が大きい。結局、年金制度統合によって、加入者数減の影響が緩和されることとなるわけだ。このため、今回の財政検証は、これまでのものとは連続的でなく、単純に比較することはできない。

これまでは、従来の厚生年金だけで「100年安心年金」が実現できるとされてきた。しかし、今回の検証が意味するのは、「共済年金を加えなければ財政が維持できない」ということだ。ここで、問題のすり替えが行なわれている。

実質賃金伸び率がゼロだと2031年度ごろに積立金が枯渇

マクロ変数が楽観的に仮定されていることの影響を修正するため、つぎのような計算をしてみよう。この計算は、正確なものではないが、問題の本質がどこにあるかを直感的に把握するためには、詳細な計算より分かりやすい。

まず、積立金からの運用収入を無視しよう。そして、物価上昇率も実質賃金伸び率もゼロであるとしよう。

加入者数がケースF～Hのとおり78・8%に減少するとすれば、名目賃金伸び率がゼロであるため、保険料収入は現在の78・8%に減少する。つまり、14年度の30・5兆円が、40年度においては24・0兆円となる。現在より6・5兆円の減少だ（なお、ケースHでは39・4兆円とされている。これに比べると、15・4兆円少ない）。

つぎに給付を考えよう。今回の検証は、受給者数の将来推移を示していない。そこで、つぎのように考える。受給者数を所与とすれば、給付額は、ほぼ消費者物価で決まる。そこで各ケースにおける40年度の給付総額を、物価上昇率がゼロの場合に引き直してみた。Ｈの場合を取ると、給付総額は、現在の46・６兆円から３・４％、１・６兆円増加して48・２兆円になる（なお、ケースＨでの財政検証の給付総額は56・３兆円）。国庫負担は給付に比例して増えるとすれば、現在の９・５兆円から０・３兆円増加して９・８兆円になる。

この結果、運用収益を除く収支赤字の絶対値が、14年度の６・７兆円から、40年度には７・８兆円（＝6.5＋1.6－0.3）だけ拡大して、14・５兆円（＝6.7＋7.8）程度になる。

収支差拡大が線形で進行すると仮定すると、積立金がゼロになるのは31年度である（14年度からの17年間の積立金減少は、6.7×17＋7.8×17/2＝１８０・２兆円であり、14年度末の積立金残高１７２・５兆円を超える。なお、財政検証のケースＨでは、14年度価格での積立金は40年度で１３４・４兆円。そして、厚生年金の積立金は、その後もゼロにならない）。

先に述べたように、09年度財政検証の数字を基としてマクロ変数について現実的な値を置くと、30年度ごろに積立金が枯渇する。ここでの結果も、それとほぼ同じものだ。

3 マクロ経済スライドで問題が解決できるか?

マクロ経済スライドとは

現在の日本の公的年金には、「マクロ経済スライド制度」が導入されている。これは、2004年改正において導入された制度で、加入者が減少し受給者が増加することの影響を、年金額の減額によって調整するものだ。

では、これを完全に実行できれば、年金の問題はすべて解決できるのだろうか? 以下では、マクロ経済スライドは必要だが、それだけでは公的年金の問題は解決できないことを指摘する。

09年の財政検証においては、12年から38年までの26年間にマクロ経済スライドが実行されるものとされた。毎年の切り下げ率は、公的年金の被保険者の減少率(およそ0・6%)と平均余命の伸びを考慮した一定率(およそ0・3%)の合計である0・9%とされた。0・9%の切り下げを13年間行なうと、年金額は11%ほどカットされることになる。では、この制度だけで年金改革ができるだろうか? つぎの2つの問題が指摘される。

第1は、マクロ経済スライドを実行できるかどうかである。実は、制度は導入されたものの、これまでは一度も実施していない（ただし15年4月から発動される予定）。その理由は、「賃金や物価の上昇率がある程度以上の値になる場合には、そのまま適用する。しかし、適用すると年金名目額が減少してしまう場合には、調整は年金額の伸びがゼロになるまでにとどめる」という限定化がなされているためだ。したがって、賃金や物価が下落する場合、それに応じて年金額を下げるが、それ以上に年金額を下げることはないのである。

例えば、本来はマクロ経済スライドで年金額を0・9％減少させる必要があるとしよう。一方、賃金が上昇していれば新規裁定年金は年金計算式によって増加するし、物価が上昇していれば既裁定年金は物価スライド制により増加する。

いま、賃金上昇率と物価上昇率は2・5％であるとしよう。この場合、マクロ経済スライド制がなければ、年金は2・5％増加する。しかし、これを2.5－0.9＝1・6％の増加にとどめようというのが、マクロ経済スライドである。

つぎに、賃金上昇率と物価上昇率は0％であるとしよう。この場合、マクロ経済スライドの式を機械的に当てはめれば年金は0・9％減額されることとなる。しかし、そうしたことはせず、0％にとどめようというのが、前述の限定化の意味である。

09年の財政検証においては、賃金上昇率＝2・5％、物価上昇率＝1％とされていたため、限定化が機能せず、マクロ経済スライドが実施されるとして計算がなされた。今回の財政検証でマクロ経済スライドがどの程度作用しているかを示す定量的データは提供されていない。

なお、過去に物価が下落したにもかかわらず年金額を据え置いたため、現在の年金水準は、本来の水準より1・5％高い水準（特例水準）になっている。12年の法律改正によって、段階的に特例水準を解消することとされた。このため、14年4月分には、14年度の改定率（プラス0・3％）と特例水準解消分（マイナス1・0％）を合わせ、3月までの額に比べ、マイナス0・7％の改定が行なわれた。なお、残る特例水準（0・5％分）の解消は、15年4月に実施される。

保険料率の引き上げで納付者の減少はカバーできない

細かい計算をフォローしていると、問題の本質が見えなくなる。そこで、まずきわめてラフな議論を行なっておこう。

前述のように、2009年の財政検証で示された厚生年金の問題の本質は、「今後30年の間に、保険料納付者が2割減り、他方で受給者が2割増える」ということである。

14年の財政検証では、人口推計の違い、制度的な変更の見通しから、これらの数字は若干異なる。詳しい数字が公表されていないのだが、資料で40年ごろの概算を見ると、つぎのとおりだ。
（1）65歳以上人口は、3900万人であり、14年の3300万人程度から18％増加する。

（2）労働人口は、労働参加が進む場合でも5000万人である。これは、現在の6000万人から17％の減少だ。労働参加が進まなければ、4500万人程度と、現在の6000万人から25％減少する。

このように、前提の数字は若干改善されているが、大きくは変わらない。そして、労働参加が進まない場合には、年金受給者と保険料納付者数にあまり大きな差がないような状態になる。つまり、1人で1人を支える状態になる。

現在、年金制度改革として行なわれているのは、保険料引き上げとマクロ経済スライドだ。前者を保険料納付者減、後者を受給者増に対応づけると、つぎのようになる。

（1）前述のように、65歳以上人口は、14年から40年にかけて18％増加する。他方で、マクロ経済スライドをフルに発動し、毎年0・9％の給付削減を経済動向と関係なく26年間続ければ、年金の実質給付額を2割削減できる。これで受給者の増加は吸収できる。既裁定者の年金も減額されるので、世代間の公平の立場から望ましいと評価できよう。ただし、この場合には、所得代替率は50％を切る。

（2）他方で、保険料率は引き上げられる。14年度で17・474％が、17年度から18・3％に4・7％引き上げられる。しかし、これでは、労働力人口が10～17％減ることの2分の1から3分の1しかカバーできない。

4 財政収支のシミュレーション分析（その1：マクロ変数の影響）

基準ケース

以下では、マクロ経済変数や政策が厚生年金財政にどのように影響するかを、シミュレーションモデルを用いて検討することとしよう。

公的年金財政の将来を考える場合には、基準ケースとして、（1）物価上昇率や賃金上昇率が過去から大きく変わることはない。（2）労働市場への参加率が現在より大幅に上昇することはない。（3）給付について、現在存在しない制度による特別の調整は行なわない。という場合を示すべきである。そして、マクロ変数や労働市場参加率がそれと異なる値になった場合に結果がどう変化するか、給付の調整を行なえばどうなるか等を示すべきだ。このようにしてこそ、将来推計は、適切な政策を考える上での参考資料になる。

ところが、財政検証は結果をこのような形で示していない。それだけでなく、十分なデータが提供されていない（受給者数の推移さえ分からない）。このため、基準ケースをつくるのが簡単でない。

図表 6-2　厚生年金の財政収支推移（著者推計）

（兆円）

（年度）	収入合計	保険料収入	国庫負担	運用収入	支出合計	収支差	年度末 積立金残高
2015							168.0
2020	42.6	32.1	10.5	0.0	50.4	-7.8	129.3
2025	42.8	32.0	10.9	0.0	51.8	-9.0	87.1
2030	41.7	30.5	11.2	0.0	52.9	-11.2	36.5
2035	40.3	28.6	11.7	0.0	56.2	-15.9	-32.3
2040	38.8	26.6	12.1	0.0	58.4	-19.6	-125.1

（注 1）物価上昇率、賃金上昇率、運用利回りがすべてゼロの場合

ここでは、２０１４年の財政検証のケースＧを基として、物価上昇率、賃金上昇率、運用利回りがすべてゼロの場合の保険料収入や給付総額を算出し、それを基準ケースとした（注１）。

最初に、運用利回りがゼロの場合の収支の推移を示すと、図表６－２のとおりである。単年度の収支差額は、時間の経過とともに拡大する。それに伴って積立金も減少し、33年度にはゼロとなる。本章の２の最後に示した推計では、31年度に積立金がゼロになるとした。ここでの計算と若干の差はあるが、大まかな傾向としては同じだ。

（注１）この計算の詳細は、スペースの制約により、ここに収録することができない。これについては、「ダイヤモンド・オンライン」連載「２０４０年『超高齢化日本』への提言」（http://diamond.jp/category/s-noguchi2040）（とくに第５回、第６回）を参照されたい。

運用利回り引き上げの年金財政への影響は限定的

つぎに、運用利回りの影響を見よう。物価上昇率、実質賃金上昇率、マクロ経済スライド率をすべてゼロとし、運用利回りのみを変化させる（物価上昇率をゼロとするので、ここに示す運用利回りは実質金利を示すことになる）。

結果は、図表6－3の左表に示すとおりだ。破綻年度（シミュレーション計算において、積立金残高が最初にマイナスになる年度）は、運用利回りがゼロ％の場合には、前述のように2033年度である。利回りが高くなると、破綻年度は遠くなる。しかし、運用利回り1％ポイントの上昇で1～2年遅くなる程度であり、40年度前に破綻するという結論は変わらない。例えば、運用利回りを3・5％としても、39年度には積立金がマイナスになる。

一般に、運用利回りが年金財政の推移に大きく影響すると考えられている。しかし、このシミュレーションは、そうではないことを示している。こうなるのは、積立金残高があまり多くないために、収入全体に占める運用収益のウエイトがあまり高くないからである。保険料収入に対する運用収益の比率は、運用利回りが3％の場合であっても、20年度に14・6％であるものが、30年度に10・7％、35年度に6・1％と低下する（なお、14年度においては、年度末積立金残高が172・5兆円、運用利回りが2・3兆円である。利回りは1・3％だ）。

このように、運用利回りを高めても、破綻は食い止められない。したがって、積立金の運用

図表 6-3　運用利回りの変化と実質賃金が破綻年度に与える影響（著者推計）

利回り変化の影響

利回り(%)	破綻年度
0	2033
0.5	2034
1	2035
2	2036
3	2038
3.5	2039

実質賃金の影響

実質賃金上昇率(%)	破綻年度
-0.5	2032
0	2034
0.5	2037
1	2040
1.5	破綻せず

（注 1）破綻年度とは、積立金残高がマイナスになる最初の年度
（注 2）利回りの影響：物価上昇率 0%、実質賃金上昇率 0%、マクロ経済スライド（年率）0%の場合
（注 3）実質賃金の影響：利回り 0.5%、物価上昇率 0%、マクロ経済スライド（年率）0%の場合

利回りを高めるために株式運用の比率を高めるのは、益なくして危険のみ多い方法である（株式運用比率の引き上げは、実際には、年金財政に対する配慮よりも、株価対策として行なわれているのであろう）。

日本の年金積立金の利回りが国際比較で見た場合に低いと言われるが、それは日本の経済パフォーマンスが低迷していることの結果である。そして、それは基本的には若年層が減少するという人口動態の結果だ。このような経済的条件を無視して積立金運用における株式運用の比率を高めるのは、危険なことだ。

実質賃金上昇率が1・5%以上なら、年金財政は破綻しない

つぎに、実質賃金の影響を見よう。この計算において、物価上昇率とマクロ経済スライド率はゼロとし、運用利回りは0・5%とした。そして、実質賃金のみを変化

させた。

物価上昇率が所与のときに実質賃金が上昇すれば、その分だけ名目賃金が上昇する。それに比例して保険料収入が増加する。

図表6－3に示す結果を見ると、実質賃金上昇率が高いほど年金財政は改善される（ある程度以上の年数を考えれば、現役時代の給与の増加が平均標準報酬を高め、年金給付額を増加させる。しかし、本シミュレーションでは、その効果は無視している）。実質賃金上昇率が0・5％だと破綻年度は2037年度だが、1％なら40年度となる。

注目すべきは、実質賃金上昇率が1・5％を超えると、48年度以降の収支差がプラスになることだ。このため、積立金残高は、47年度に40・4兆円になった後は、増加する。したがって、破綻しない。これは、加入者の減少を補って、保険料収入が増加を続けるからである。実質賃金上昇率が1・5％を超えるかどうかは、厚生年金財政にとって重要な意味を持つ。

しかし、問題は、実際に賃金が上がるかどうかである。現実の日本経済では、実質賃金は下落しているからだ。実質賃金上昇率がマイナスである場合についてシミュレーション計算を行なうと、破綻年度はかなり早くなる。図表6－3に示すように、実質賃金上昇率がマイナス0・5％の場合は、破綻年度は32年度だ。こうしたことが生じる可能性があることに注意が必要だ。

日本の名目賃金は、過去約20年間にわたって下落を続けている。これは、世界経済の構造変化

図表6-4　**消費者物価上昇率が破綻年度に与える影響**（著者推計）

消費者物価上昇率	実質賃金上昇率(%)	
	0.5	0
-1	2039	2038
-0.5	2037	2036
0	2037	2036
0.5	2036	2034
1	2035	2031
1.5	2034	2031
2	2034	2031

（表中の数字は破綻年度）

（注）利回り0.5%、実質賃金上昇率0.5%、マクロ経済スライド（年率）0%の場合と、利回り0.5%、実質賃金上昇率0%、マクロ経済スライド（年率）0%の場合

のため、高賃金部門である製造業の就業が縮小し、賃金が低い介護部門が増大しているからだ。こうしたトレンドを変化させるには、産業構造の大変化が必要だ。

なお、加入者の増大は、保険料収入を増加させる効果がある。しかし、遠い将来の年金を増やすことにもなる。保険料収入を増やすいま一つの方法は、保険料率の引き上げだ。しかし、これは、実際には無理だろう。政治的にも困難であるし、経済に与える負担の観点からもこれ以上の保険料率の引き上げを行なうべきではないと考えられる。

消費者物価上昇率の影響

つぎに消費者物価上昇率の影響を見よう。ここでは、運用利回りは0・5%、実質賃金上昇率は0・5%とし、マクロ経済スライド率はゼロとした。

消費者物価が上昇すれば、それに比例して、まず年金給付が増加する（給付の増加に伴って、国庫負担も比例して増加する）。また、名目賃金が上昇するので、それに比例して保険料収入が増加する。

結果は、図表6－4に示すとおりだ。実質賃金上昇率を所与とすると、消費者物価上昇率が高いほど破綻年度が近くなる。すなわち、実質賃金上昇率が0・5％の場合には、物価上昇率マイナス1％なら破綻年度は2039年度であるが、1％だと35年度になり、2％だと34年度になる。これは、物価上昇が保険料収入を増やす効果より、給付額を増やす効果のほうが大きいからだ。実質賃金上昇率がゼロの場合も、消費者物価上昇率が高いほど破綻年度が近くなるという傾向は変わらない。実質賃金上昇率が0・5％の場合と比較すると、破綻年度は近くなる。

5 財政収支のシミュレーション分析（その2：政策効果）

年金制度の枠内で可能な政策をまず検討すべきだ

本章の4では、厚生年金財政のシミュレーション計算を行ない、マクロ経済変数の違いで年金財政にどのような差が生じるかを分析した。以下では、政策措置について分析する。

年金財政問題に対処するには、さまざまな施策がある。財政検証は、労働市場への参加率向上や実質賃金の著しい伸びなど、年金政策の枠内ではできないことに望みをかけている。しかし、これは、基本的に間違ったアプローチであると言わざるをえない。

順序としては、まず年金政策の枠内でできることを考えるべきだ。その中でも最低限必要なのは、現在の制度の枠組みの中でできることを考えるべきだ。例えば、国民年金保険料納付率の向上を図るといったことである（ここで考えているのは厚生年金だが、国民年金の財政事情は、基礎年金拠出金を通じて厚生年金の財政にも影響を与える）。

そしてつぎに、給付切り下げと保険料率の引き上げについての検討が必要だ。給付の切り下げに関して、マクロ経済スライドは重要な意味を持つ。ただし、現在のマクロ経済スライドでは、年金の名目値が減少する場合には発動できない。年金名目値が減少する場合においてもマクロ経済スライドを実行する制度改革が政府から提案されているが、その是非を検討するためには、それによって年金財政がどの程度の影響を受けるかを明らかにする必要がある。これについてのシミュレーション結果を示すこととしよう。

基準ケース

シミュレーションを行なう場合の基準ケースとして、本章の4では、マクロ変数の伸び率を

| 図表 6-5 | **厚生年金財政の推移**（保険料収入と給付）（著者推計）

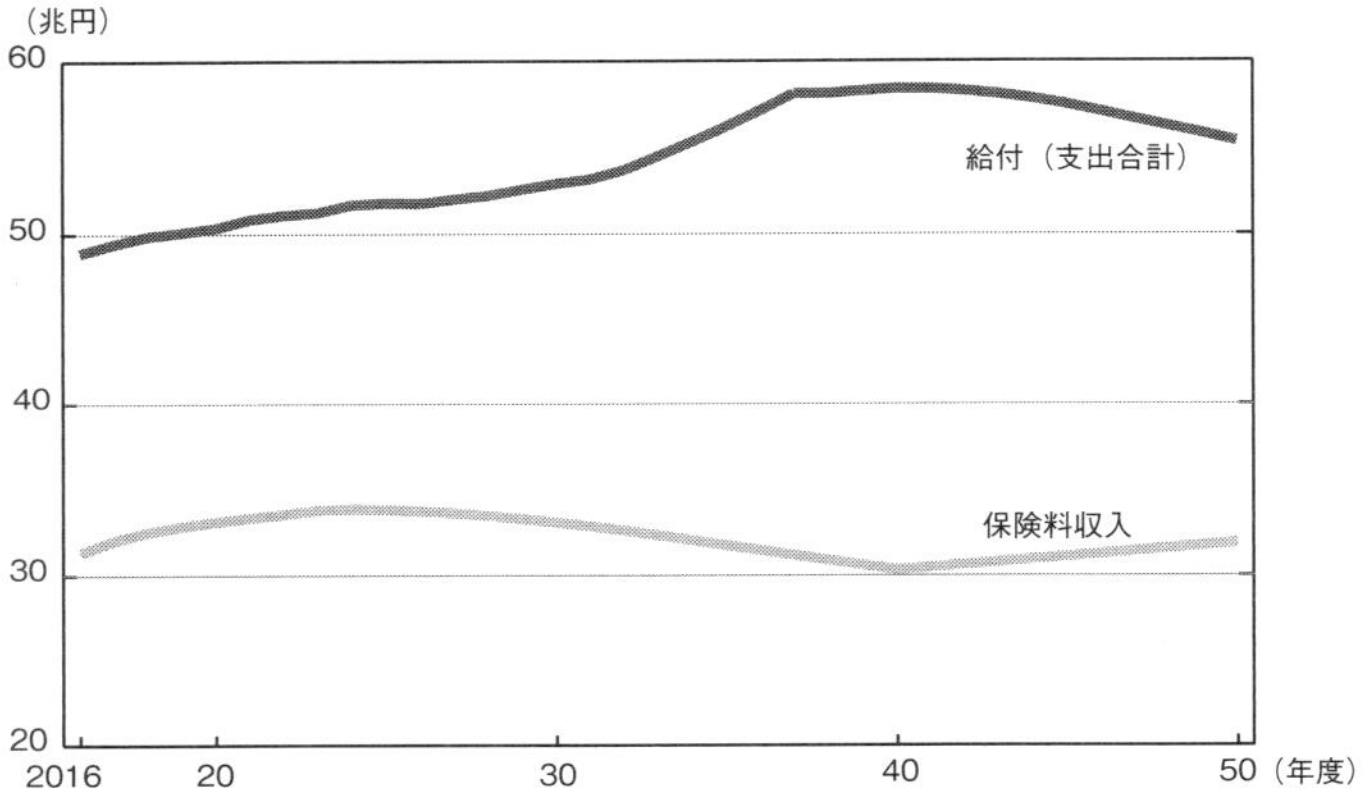

すべてゼロとした。以下では、運用利回りや実質賃金上昇率がプラスの場合を考えることとし、運用利回り＝０・５％、物価上昇率＝０％、実質賃金上昇率＝０・５％、名目賃金上昇率＝０・５％、マクロ経済スライド率＝０％とする。この場合の保険料収入と給付の推移を図表６－５に示した。

給付は２０４０年度まで増加する。とくに30年代の増加が著しい。他方で、保険料収入は、保険料率引き上げの影響で24年度までは増加するが、その後は、加入者数の減少で減少する。40年度でボトムになった後は増加に転じる。

財政状況が最も困難になる40年度ごろには、保険料収入は給付の半分近くにまで減少してしまうのである。この結果、収支差額は拡大する。20年代前半までは年額６兆円程度の赤字であるものが、30年代後半には、赤字額がその2倍程度に膨らむ。そして、37年度には積立金残がマイナスになる。運用利回りや実質賃金上昇率をプラスとしたため、これらがゼロの場合よりは破綻年度は遅くなる。しかし、ここで仮定した値だと、早晩破綻は免れえない。

これから見て、年金財政がきわめて困難な事態に直面するのは、20年代の後半から40年ごろまでの15年間程度であることが分かる。さまざまな施策によってこの期間を乗り切れるかどうかが、年金財政にとって重要な課題だ。

マクロ経済スライドの強行が年金財政に与える効果は大きい

現在の制度には、給付額を毎年0・9％減額するマクロ経済スライドが存在する。これを物価動向いかんにかかわらず実施すると、厚生年金財政はどのようになるだろうか?

結果は、図表6－6に示すとおりである（この計算では、積立金運用利回り＝0・5％、物価上昇率＝0％、実質賃金上昇率＝0・5％と仮定してある）。この場合には、2045年度以降の積立金は40兆円台にまで減少するが、それを維持できる。つまり、厚生年金財政は破綻しない。このマクロ的仮定の下でマクロ経済スライドを実施しないと、基準ケースで示したように、37年度の積立金残高はゼロになる。それを回避できるのだから、大きな違いがある。

マクロ経済スライドがこのように大きな効果を持つのは、既裁定年金（すでに支給されている年金）について年金額の調整が行なわれるからである。これまでの年金給付額の改革はすべて、将来裁定される年金に関するもので、既裁定年金には手をつけてこなかった。裁定された年金は一種の財産権と見なされ、神聖化されてきたのである。既裁定の年金に手をつけたという意味で、マクロ経済スライドは、従来の年金改革とは異質の性格を持っている。

ただし、問題は、マクロ経済スライドを現実に実施できるかどうかだ。すでに述べたように、現在の制度では「年金の名目値が減る場合には実施しない」こととされている。この制約があるため、マクロ経済スライドはこれまでは発動されなかった（15年4月に発動予定）。

では、この制約は意味があるものだろうか？　どの程度の年金が必要かは、本来は実質値で考えるべきだ。また、年金財政の観点から見ても、マクロ経済スライドは、人口構造の変化というリアルな現象に対処しようとするものだ。どちらの観点から見ても、物価上昇率が低く（あるいはマイナスで）年金の名目値が増えない場合であっても、マクロ経済スライドは実施すべきである。しかし、現実には、デフレスライドすらしていない。所得代替率が上昇しているのは、このためだ。

マクロ経済スライドの強行で、所得代替率は下がる

ただし、マクロ経済スライドを行なえば、所得代替率が下がる。これを具体的に見るため、つ

図表6-6　マクロ経済スライドを強行した場合の年金財政の推移（著者推計）

（年度）	保険料収入（兆円）	支出合計（兆円）	収支差（兆円）	年度末積立金残高（兆円）	所得代替率（%）
2016	31.3	48.0	-6.0	162.0	61.0
2020	33.1	47.7	-3.9	143.5	57.6
2025	33.8	46.9	-2.6	127.9	53.7
2030	33.1	45.8	-2.5	116.2	50.1
2035	31.7	46.5	-4.5	98.8	46.7
2040	30.3	46.2	-5.9	70.4	43.5
2045	31.1	43.4	-2.9	49.3	40.6
2050	31.9	40.0	0.9	46.1	37.8

（注）利回り0.5%、物価上昇率0%、実質賃金上昇率0.5%、マクロ経済スライド率0.9%の場合

ぎのように計算した。

２０１４年度の厚生年金の所得代替率は62・７%である。これを基準として、１人当たり所得は名目賃金上昇率で増加し、給付は（物価上昇率－マクロ経済スライド率の絶対値）で増加するものとした（すなわち、「年金名目値が減少する場合においてもマクロ経済スライドを実行する」とした）。

結果は、図表６－６の右端の欄に示すとおりである。所得代替率は、31年度に49・４%となって、50%を下回る。そして、40年度には43・５%、50年度には37・８%にまで低下する。

ただし、この場合には、先に述べたように45年度以降の積立金を40兆円台に維持できる。それを考慮すれば、40年代以降はマクロ経済スライドを緩和することも考えられるだろう。45年度における所得代替率は40・６%であり、低過ぎる値とはいえないの

で、この程度の代替率で財政を維持できるならば、現実的な解決策ということができる。

財政維持と所得代替率を両立させる

「財政の維持」と「所得代替率の維持」は、相反する目的である。財政維持のためにはマクロ経済スライド率の絶対値を高く設定する必要があるが、そうすれば所得代替率は低下する。他方で、所得代替率を維持しようとすれば、所与の保険料率の下では財政維持は難しくなる。つまり、この2つの間にはトレードオフの関係があるのだ。

問題は、「財政の維持」と「所得代替率の維持」という相反する目的を、どのように調和させるかである。年金問題の基本はここにある。

そのことが定量的に検討されなければならず、財政検証の本来の責務は、その判断のためのデータを提供することである。しかし、現実に提示されている財政検証は、マクロ経済変数を非現実的な値に設定したり、労働参加率に関して楽観的な見通しを採用することによって、問題を隠蔽《いんぺい》している。

本来、問題はつぎのように設定されるべきだ。

(1)パラメータを現実的な値に設定して積立金残高がどのように推移するかを計算する。「現実的な値」というのは、「過去のトレンドから著しく乖離したものではない」という意味である。

（２）積立金残高がゼロにならないようなマクロ経済スライド率を求める。

（３）その場合の所得代替率を計算し、それが認容できるものか否かを判断する。

（４）所得代替率があまりに低い値になってしまうのであれば、保険料率引き上げや国庫負担率引き上げによってマクロ経済スライド率を緩和する。

「１００年安心年金」、つまり、１００年間にわたって所得代替率を50％以上に維持することは、現実的なマクロ経済変数の想定の下では実現不可能な目標である。それに固執してマクロ経済変数に関する非現実的な想定で糊塗するのは、誠実な政策運営とは言えない。「１００年安心年金」が不可能であることを直視し、所得代替率の低下か負担の増加か、どちらかを選択しなければならない。

実質賃金伸び率がトレードオフに与える影響

前記の問題の答えは、マクロ経済変数に依存する。とりわけ重要なのは実質賃金の伸び率である。これを見るために、実質賃金上昇率が０・５％未満の場合を計算してみよう。結果はつぎのとおりだ（積立金運用利回り＝０・５％、物価上昇率＝０％の場合）。

実質賃金上昇率が０％の場合は、２０４２年度に破綻する。０・１％だと44年度に延びる。０・

図表6-7　実質賃金伸び率がトレードオフに与える影響（著者推計）

	実質賃金上昇率（%）			
	-0.5	0	0.5	1.0
最低マクロ経済スライド率（%）	-1.6	-1.15	-0.75	-0.3
2050年度所得代替率（%）	42	41.3	40	39.3

（注）利回り0.5%、物価上昇率0%の場合

2%だと46年度に延びる。そして、0・33%だと50年度までは破綻しない。0・4%だと、積立金20兆円台を維持できる（前節で示したように、マクロ経済スライドを行なわない場合は、実質賃金伸び率0・4%では破綻してしまう。しかし、マクロ経済スライドを強行すれば、このように事態が改善されるのである）。このように、他の条件を一定とすれば、実質賃金上昇率が高いほど破綻年度が後になる（あるいは破綻しなくなる）。

実質賃金伸び率が高ければ、保険料収入が増える半面で、給付は（非常に遠い将来を考えないかぎり）影響を受けない。したがって、この結論は当然のものだ。

このことから考えると、実質賃金上昇率が高ければ、「財政の維持」と「所得代替率の維持」のトレードオフは楽になるように思われる。すなわち、給付をマクロ経済スライドで減額しなくても、年金財政を維持することができるように思われる。しかし、問題は、それほど簡単ではない。なぜなら、実質賃金上昇率が高くなると、所得代替率計算の分母が大きくなるので、所得代替率が下がってしま

うからである。

そこで、つぎのような計算をした。実質賃金上昇率にある値を与える。50年度まで積立金残高がゼロにならないようなマクロ経済スライドの絶対値の最小値を求める（なお、運用利回りは0・5％、物価上昇率は0％とした）。結果は図表6－7のとおりである。実質賃金上昇率が高くなると、所得代替率は低下することがわかる。

人口構造の面から必要とされるマクロ経済スライド率は？

マクロ経済スライドの趣旨は、人口構造変化への対処だ。つまり、「受給者1人当たり納付者の減少」に対処するためのものだ。この観点から必要となるスライド率を求めると、どうなるだろうか？

国立社会保障・人口問題研究所の将来推計人口（2012年1月。出生中位、死亡中位）によると、15～64歳人口と65歳以上人口の比率は、14年の2・35から40年には1・50に低下し、さらに50年には1・33に低下する。

14年からの年平均減少率は、40年までは1・72％、50年までは1・58％だ。したがって、負担者1人当たりの負担を不変に保つためには、この率に等しい率で給付を減額する必要がある。

実際には、保険料率の引き上げが予定されていること、積立金を取り崩せば給付減額をこれより緩くできること等の事情があるので、これが必要とされるマクロ経済スライド率に等しいわけではない。ただし、現実に考えられているマクロ経済スライド率（年率0・9％）は、必要とされる率よりかなり低いとは言える。

マクロ経済スライドか、支給開始年齢の引き上げか？

年金支給総額を削減する方法としては、マクロ経済スライドのほかに、支給開始年齢の引き上げがある。以下では、この2つの方法の比較をすることとしよう。

まず、「物価上昇率がゼロであってもマクロ経済スライドを実施する場合」の結果は、図表6－6に示したとおりである。積立金運用利回り＝0・5％、物価上昇率＝0％、実質賃金上昇率＝0・5％の場合において、年率0・9％のマクロ経済スライドを実施しない場合と実施した場合の結果を、ここに図表6－8として示そう。マクロ経済スライドを実施した場合の年金支給総額の削減率は、実施しない場合に比べて、2020年度には5・3％でしかないが、30年度には13・5％、40年度には20・9％になる。

では、支給開始年齢を引き上げる場合にはどうなるか？　ここではその目安をつけるために、国立社会保障・人口問題研究所による「日本の将来推計人口」の数字を用いて、機械的に推計した。

図表6-8　マクロ経済スライドによる支給総額削減率（著者推計）

（年度）	A マクロ経済スライドを実施しない場合の支出合計 （兆円）	B マクロ経済スライドを実施した場合の支出合計 （兆円）	$(1-\frac{B}{A})\times 100$ 支給総額削減率 （%）
2020	50.4	47.7	5.3
2025	51.8	46.9	9.5
2030	52.9	45.8	13.5
2035	56.2	46.5	17.3
2040	58.4	46.2	20.9
2045	57.5	43.4	24.4
2050	55.4	40.0	27.8

（注）Aはマクロ経済スライドを実施しない場合。Bは年率0.9%のマクロ経済スライドを実施した場合。どちらも、積立金運用利回り=0.5%、物価上昇率=0%、実質賃金上昇率=0.5%と仮定。

14年においては、65歳以上人口のうち72・3%が70歳以上であり、48・3%が75歳以上である。したがって、既裁定年金も含めて支給開始年齢を70歳に引き上げれば、年金支給総額は27・7%減らせるし、75歳に引き上げれば51・7%減らせる。

同様にして、削減率は、20年には70歳で22・6%、75歳で48・0%になり、30年には70歳で20・0%、75歳で38・2%となる。40年には70歳で22・9%、75歳で42・5%となる。

このように、仮に既裁定年金も含めて支給開始年齢を75歳に引き上げることができれば、支給総額はほぼ半分になるので、日本の年金財政の問題はほぼ解決できると考えてよい。70歳に引き上げるだけでも、支給総額を2割程度削減することが可能になるわけだ。

マクロ経済スライドと比較すると、40年度時点における支給総額は、年率0・9％のマクロ経済スライドを続けていく場合と支給開始年齢を70歳に引き上げる場合とは、ほぼ同じになる。

しかし、マクロ経済スライドと支給開始年齢引き上げとでは、削減の時間的推移は異なる。マクロ経済スライドは年金額を徐々に削減していくので、政治的抵抗は少ない。しかし、その半面で、効果が現れるまでには時間がかかる。30年ごろまでの期間を見れば、効果は小さい。

他方で、これまで見てきたように、厚生年金財政は、30年代に積立金がゼロとなって、財政破綻する危険が大きい。つまり、マクロ経済スライドでは「遅すぎる」結果になる危険があるわけだ。これを避けるには、マクロ経済スライド率を引き上げるか、あるいは支給開始年齢引き上げと並行して行なう必要がある。

支給開始年齢の引き上げは、本来は、既裁定年金に対しても行なうのが望ましい。そうすれば、即時的な効果がある。つまり、引き上げたその時点において、年金総額が削減される。しかし、それは政治的にきわめて難しいだろう。そこで、これまでもそうされたように、時間をかけて徐々に行なうことが考えられる。

例えば、30年ごろまでに支給開始年齢を70歳まで引き上げることとする。約15年かけて5歳引き上げるのだから、3年で1歳ずつ引き上げるわけだ。こうすれば、既裁定年金が停止されるような事態にはならない。したがって、現実的にも十分可能なものであろう。

ただし、この場合には、支給総額は徐々にしか削減されない。それだけでなく、マクロ経済スライドの場合とは違って、一定年齢以上の世代は支給開始年齢引き上げの影響から「逃げ切る」こととなり、世代間公平の観点から問題がある。

しかし、実行可能性を確保するための代償として、やむをえないと言えよう。また、マクロ経済スライドを並行して行なうこととし、削減率を0・9％より少し高めに設定すれば、ある程度この問題を緩和できるだろう。

世代間戦争であることが理解されていない

以上で行なった分析の結果を要約すれば、つぎのようになる。

まず、マクロ経済変数に関して現実的な仮定を置くと、厚生年金は2031年ごろに破綻する。「今後100年間にわたって50％以上の所得代替率を保証する」という「100年安心年金」は、非現実的なマクロ変数の仮定の上に立った虚構である。

財政破綻を回避する方法はいくつかある。第1は、マクロ経済変数いかんにかかわらずマクロ経済スライドを強行することだ。図表6－6に示したように、給付を毎年0・9％減額するマクロ経済スライドを強行し、所得代替率が50年代に4割を切ることを甘受すれば、積立金はゼロにならない。

第2の方法は、年金支給開始年齢を引き上げることである。既裁定年金も含めて支給開始年齢を70歳に引き上げれば、40年度における年金給付額は、右とほぼ同じになる。ただし、この2つでは、削減の時間的な推移が違う。したがって、世代によって受ける影響が異なる。

第3の方法は、実質賃金を引き上げることである。図表6－3に示したように、実質賃金上昇率が1・5％を上回れば、年金財政は破綻しない。ただし、これまでの日本経済の実情と比較すれば、これを実現するのは容易な課題ではない。このためには、第8章で論じるような成長戦略が必要である。

ところで、年金改革によって受ける影響は、世代間で大きな差がある。だから、年金制度改革の評価は、本来は世代によって大きく違うはずだ。これは、世代間の戦争なのだ。

それにもかかわらず、現実には「給付削減反対、負担増加反対」の声しか出てこない。これでは、年金改革を進めることができない。11年に支給開始年齢引き上げが提案されたとき、強い反対が起きた。この改革は若年世代にとっては望ましいものであったにもかかわらず、賛成の声はほとんどなかった。人々は、年金に関して、利害通りの行動をしていないのだ。

日本では、公的年金は退職後の生活を支えるものと捉えられていることが多い。しかし、これまでの検討で明らかになったように、現在考えられているような保険料と国庫負担率では、そうした機能を公的年金に期待することは不可能である。公的年金の本来の機能は、「長生きすぎることに対する保険」である（つまり、生命保険と逆の機能だ）。

こうしたことを考え、かつ日本の人口構造の変化を考えれば、支給開始年齢が65歳というのは「低過ぎる」と評価することができるだろう。65歳以上人口の比率は、14年では26・１％と総人口の約４分の１であるが、40年には36・０％となり、50年以降はほぼ４割となる。他方で、20～64歳人口の比率は、40年で50・３％であり、50年では47・８％にまで低下する。

65歳を支給開始年齢とする公的年金は、このような人口構造を考慮すれば、維持できないだけでなく、必要もない制度だと言うことができる。高齢者は、今後、単に数が増加するだけでなく、健康状態も向上し、働く意欲も能力も向上する。その生活は年金で支えるのでなく、就労によって支えるべきである。高齢化社会の政策の基本がその方向に向けて切り替えられなければならない。

第7章

財政の将来はきわめて深刻

「社会保障と税の一体改革」が謳われながら、消費税が増税されただけで、社会保障改革は手つかずのままだ。消費税増税も、一部は先送りされた。ましてや、根本的な財政改革にはほとんど手がついていない。しかし、財政問題はきわめて深刻である。

1 消費税率を30%近くにする必要がある

いまこそ財政再建に正面から向き合え

２０１４年12月に行なわれた総選挙を通じて明らかになったのは、「財政再建は絶望的」ということだ。安倍晋三政権は消費税増税を先送りしたが、それに対して異を唱える政党はなかった。驚くべきは、政権時代に消費税増税を決めた民主党が延期に反対しなかったことだ。共産党が伸びたのは、自民党批判票の受け皿になったからだと言われた。確かにそうだろうが、それは増税反対を明言したからだ。増税反対だけなら誰でも言える。「では社会保障は大丈夫なのか?」という疑問に現実的な答えを出さなければ、財政崩壊は進むばかりだ。

つまり、「すべての政党が、財政再建という困難な課題からは目をそむけた」ということだ。現在の日本にとって最も重要で、本来なら最大の争点となるべき問題について、政治は機能していないのである。投票率が戦後最低になったのは、多くの人が「どこに投票しても事態が大きく変わることはない」と諦めているからだろう。それに加え、現在の日本が危険な方向に進んでいるという認識を持っていないからだ。

国債の利回りがいまのように低くては、危機感を持ちようがない。しかし、それは、日本銀行が国債を買い支えているからである。そして、後で述べるように、このことこそが問題なのだ。税収も円安による企業利益増で増加している。このため、政府が約束してきた財政再建目標（15年に基礎的財政収支の対ＧＤＰ比を10年比で半減させる）は、消費税増税延期にもかかわらず達成できる可能性がある。これも危機感を弱めている。

しかし、事態は深刻なのである。なぜなら第1に、政府の見通しでも、20年度までと約束している基礎収支の黒字化は実現できない。第2に、仮に基礎収支が均衡しても、利払いのために国債発行は続く。もしＥＵ加盟条件を満たそうとすれば、後述するように、消費税率を30％近くまで引き上げる必要がある。

消費税増税延期の影響

消費税の税率は、２０１４年４月に８％（消費税６・３％、地方消費税１・７％）に引き上げられた。そして、15年10月に10％（消費税７・８％、地方消費税２・２％）に引き上げられる予定だった。ところが、これを1年半先送りし、17年4月にすることとされた。

13年10月に財務省が公表した資料によると、消費税率の3%ポイント引き上げによる税収増は、平年度ベースで国と地方を合わせて年間8・1兆円（国は6・35兆円）、初年度は5・1兆円（国は4兆円強）だ。2%ポイントの引き上げによる増収は、比例計算をすれば、平年度で全体では5・4兆円（国は4・2兆円）だが、これが遅れるわけだ。15年度では国で1・5兆円程度減少するとされている。

他方で、税収の伸びは順調である。15年度予算においては、54兆5250億円と1991年度（決算）以降24年ぶりの水準が見込まれている。

基礎的財政収支半減目標は達成できても、黒字化は無理

財政再建に関する政府の目標は、「当面の財政健全化に向けた取組等について」（中期財政計画：2013年8月閣議了解）に示されている。すなわち、「国・地方を合わせた基礎的財政収支について、15年度までに10年度に比べ赤字の対GDP比を半減、20年度までに黒字化、その後の債務残高対GDP比の安定的な引き下げを目指す」とされている。

ここで、「基礎的財政収支」（プライマリーバランス）とは、税収・税外収入と歳出（国債の元本返済や利払いに充てる国債費を除く）との差額である。国・地方を合わせた赤字の対国内

総生産（GDP）比は、10年度には6・6％だった。14年度の基礎的財政収支赤字は、対GDP比5・1％の25・4兆円だ。

内閣府は、14年7月、「中長期の経済財政に関する試算」において、消費税率を15年度に10％にすることを前提にして、基礎的財政収支赤字を3・2％（16・1兆円）と試算し、目標を達成する見通しを示した。しかし、消費税増税の先送りのため、目標の達成は困難との見方が強まっていた。だが、税収の自然増があるので、15年度の目標は達成できる可能性もある。

しかし、仮にその目標が実現できても、財政再建が順調に進んでいるとはいえない。なぜなら、「20年度で黒字化」という目標は達成困難と考えられているからだ。前記「試算」によると、黒字化目標は達成できない。「消費税の10％への引き上げや、現在なされている歳出抑制措置では、日本の財政は再建できない」と政府が認めているわけである。

なお、地方の基礎的財政収支は、現在でも黒字であるし、将来も黒字が続く。問題は国である。20年度における国の基礎的財政収支の対GDP比は、「経済再生ケース」でもマイナス2・4％、「参考ケース」ではマイナス3・2％と予測されている。

こうした問題があるにもかかわらず、短期的景気後退を恐れて増税がなされなかったことから、日本財政に対する信頼は低下している。実際、格付け会社のムーディーズ・インベスターズ・サービスは、14年12月初めに日本の政府債務格付けをAa3からA1に格下げした。G7

図表 7-1　一般会計の収支（経済再生ケース）

（兆円）

年　度	2013	2014	2015	2016	2017	2018
歳出	100.2	95.9	98.9	103.7	108.2	112.4
基礎的財政収支対象経費	78.9	72.6	74.4	77	78.8	79.9
国債費	21.3	23.3	24.4	26.7	29.4	32.5
税収等	62.6	54.6	60.2	65.5	67.6	69.6
税収	47	50	55.6	60.7	62.8	64.7
その他収入	15.6	4.6	4.6	4.7	4.8	4.9
歳出と税収等との差額	40.8	41.3	38.7	38.2	40.5	42.8
一般会計における基礎的財政収支	▲27.0	▲18.0	▲14.2	▲11.6	▲11.2	▲10.3

年　度	2019	2020	2021	2022	2023
歳出	117.9	123.9	130.1	136.7	143.3
基礎的財政収支対象経費	81.9	84	86	88.3	90.1
国債費	36	39.9	44.1	48.5	53.2
税収等	72	74.5	77	79.8	82.6
税収	67	69.3	71.7	74.4	77
その他収入	5.1	5.2	5.3	5.5	5.6
歳出と税収等との差額	45.9	49.4	53.1	56.9	60.7
一般会計における基礎的財政収支	▲9.9	▲9.5	▲8.9	▲8.4	▲7.5

（資料）内閣府「中長期の経済財政に関する試算」

先進7カ国のなかでは、Ｂａａ2のイタリアに次いで低い格付けだ。

国の一般会計収支の前提は妥当か？

われわれが通常関心を持つのは、国の一般会計である。これについては、「試算」において、税収等のデータも開示されている。そこで以下では、これを見ることとしよう。

「試算」の計算結果の要点を抜き出すと、図表7－1、図表7－2のとおりである。2020年度の基礎的財政収支は、「経済再生ケース」でマイナス9・5兆円、「参考ケース」ではマイナス13・5兆円だ。

まず、「税収伸びや歳出伸びの想定は妥当か」という問題を検討しよう。「経済再生ケース」では、税収が14年度から20年度にかけて38・6％

図表7-2　一般会計の収支（参考ケース）

（兆円）

年度	2013	2014	2015	2016	2017	2018
歳出	100.2	95.9	98.9	103	106.7	109.6
基礎的財政収支対象経費	78.9	72.6	74.4	76.6	78.1	78.7
国債費	21.3	23.3	24.4	26.4	28.6	30.9
税収等	62.6	54.6	60.2	64.1	64.8	65.6
税収	47	50	55.6	59.5	60.1	60.8
その他収入	15.6	4.6	4.6	4.7	4.7	4.8
歳出と税収等との差額	40.8	41.3	38.7	38.9	41.8	44
一般会計における基礎的財政収支	▲27.0	▲18.0	▲14.2	▲12.5	▲13.2	▲13.2

年度	2019	2020	2021	2022	2023
歳出	113.3	117.4	121	125.6	130.2
基礎的財政収支対象経費	79.9	81.1	81.8	83.3	84.5
国債費	33.4	36.3	39.2	42.3	45.6
税収等	66.5	67.6	68.8	69.9	71.1
税収	61.7	62.7	63.8	64.9	66
その他収入	4.8	4.9	5	5	5.1
歳出と税収等との差額	46.8	49.8	52.2	55.6	59
一般会計における基礎的財政収支	▲13.3	▲13.5	▲13.0	▲13.4	▲13.4

（資料）内閣府「中長期の経済財政に関する試算」

増加するとされている。ただし、この中には消費税増税分も含まれている。そこで、16年度以降を見ると、税収は、16年度の60・7兆円から20年度の69・3兆円まで、4年間で1・14倍になるとされている。これは年率にすると3・37％の伸びだ。「経済再生ケース」での名目ＧＤＰの伸びは、この値あるいはそれ以上に想定されているので、弾性値はさほど高くない。つまり、名目成長が実現するかぎり、税収の伸びの見通しは過大とは言えない。

つぎに支出側を見よう。基礎的財政収支対象経費の伸びは名目ＧＤＰの伸びより低いが、社会保障の自然増を考えると、これは可能だろうか？　これに関して、財務省「財政健全化目標の達成に向けて」（14年3月）が参考になる。

そこに歳出の「自然体」というものが示されれ

ている。それによると、「再生ケース」では、年平均1・6兆円の伸びで、20年度に84兆円となる。「参考ケース」では、年平均1・1兆円の伸びで、20年度81・5兆円となる。20年度における歳出額は、「試算」の数字とほぼ同じだ。

年平均1・1兆〜1・6兆円の増加というのは、社会保障費の自然増としてよく言われる数字である。したがって、歳出増を社会保障費自然増の範囲に抑えることができれば、「試算」の数字は実現できるだろう。

以上を考慮すると、「試算」において債務の対GDP比が低下する原因は、税収見込みが過大であることや歳出の伸びの見込みが過少であることではなく、金利見込みによると考えられる。長期金利が今後どのように推移するかは、金融政策と関係もあり、見通しにくい。現在のような低金利が続けば、事態は「試算」におけるよりも好転するだろう。しかし、現在の金利水準は異常に低い。「試算」でも、今後上昇するとされている。そうなれば、公債等残高の対GDP比は上昇する。金利の行方は、日本財政に大きな影響を与えるのである。

EU加盟条件を満たすには、消費税率27％が必要

すでに述べたように、現実の問題として重要なのは、基礎的収支というよりは、国債残高である。そして、これに影響を与えるのは、図表7－1や図表7－2における「歳出と税収等

との差額」だ。これは、国債発行額に相当する（2014年度一般会計予算の公債金収入は、41兆2500億円）。

「経済再生ケース」でも「参考ケース」でも、消費税の増税によって一時的に差額は縮小するが、また元に戻ってしまい、20年度には現在より大きな値となる。20年度の差額は、「経済再生ケース」において49・4兆円、「参考ケース」では49・8兆円だ。

こうした状況が続けば、国債残高は増加する。そこでこれを削減する必要があるが、その際に一つの目安となるのは、EUの規定だ。EU加盟の条件としては、「単年度の財政赤字（新規国債発行額）がGDPの3％を超えてはならず，債務残高がGDPの60％を超えてはならない」とされている。債務残高の対GDP比の達成は、きわめて難しい。ここでは、単年度赤字に関する条件だけを目的としよう。これを消費税の増税だけで行なうとすれば、どの程度の増税が必要だろうか?

前記のように、3％の税率引き上げによる国の増収は、平年度で6・35兆円（税率1％で2・12兆円）だ。これは、14年度の数字だが、20年度においては、参考ケースにおける名目GDPを用いて比例計算すれば、1％で2・38兆円となる。

ただし、このすべてを公債減額に用いることはできない。なぜなら、消費税率が10％の場合の国税分は税率7・8％に相当するものだが、そのうちの1・52％に相当する額（つまり、一般会計税収の19・5％。これは16年度以降の地方交付税率である）を地方交付税に充てるからだ。したがって、消費税率1％増による税収のうち赤字削減に充てうるのは、最大2.38×(7.8－1.52）÷7.8＝1・91兆円だ。

他方で、「参考ケース」において20年度の赤字額の対GDP比を3％にするには、33兆円だけ削減しなければならない。これは、消費税率17・2％に相当する。つまり、今回引き上げ後の税率10％に17・2％を上乗せし、消費税の税率を27・2％にしなければならないのである。

これは、経済的観点から言えば不可能ではないにしても、きわめて困難な課題である。しかも、先に見たように、これは、税収がかなり順調に伸び、歳出増をほぼ自然増のみに抑えられる場合のものだ。また、長期金利が暴騰はしないことを前提としている。これらの仮定が満たされなければ、事態はもっと厳しくなる。

2 金利高騰で国債残高が膨張する危険

問題は基礎的財政収支の外で発生する

財政再建に関する議論は、通常は基礎的財政収支に関して行なわれている。しかし、本当の問題は、基礎的財政収支の外で発生する。すなわち、国債残高がすでに巨額であるため、金利が高騰すると国債の利払い費が急増するのだ。(注1)それを賄うために国債を発行すると、雪だるま式に国債残高が膨れ上がり、財政が破綻する危険がある。

この問題を考慮に入れても、「試算」の「経済再生ケース」では、残高の対GDP比が徐々に低下すると予測されている。これを根拠にして、「基礎的財政収支を黒字化できなくとも、公債等残高の対GDP比が低下するのであれば、問題はないのではないか」という意見がありうる。しかし、以下では、政府の試算で公債残高の対GDP比が徐々に低下するのは、金利とGDPに関して都合のよい仮定が置かれているためであること、また、真の問題は試算が示す時期（2023年度まで）以後に生じることを指摘する。

この問題は、「ドーマーの定理」との関係で考える必要がある。(注2)これは、1940年代にE・D・ドーマーによって提唱された、財政赤字の維持可能性に関する条件だ。財政赤字の維持可能性とは、「対GDP比で見た政府債務残高が膨張し続けない」ことである。そのための条件は、「基礎的財政収支がゼロのときに、成長率（税収伸び率）が金利より高くなること」だ。基礎的財政収支が均衡している場合、国債の利払い分だけ債務残高が増える。しかし、それ以上に名目GDPが増加すれば、対GDP比で見た政府債務残高は膨張しないというわけだ。

（注1）金利が上昇しても、国債利払い費はすぐには増加しない。新金利になるのは、残高全体ではなく、新規に発行される分だけだからだ。ただし、新金利への移行はかなり早く進行する。

国の普通国債残高は２０１４年度末で７８０兆円であり、14年度国債発行総額が１８１兆円なので、２年後には46・４％が新金利に入れ替わり、４年後には92・８％が入れ替わる。

なお、14年度国債発行計画（当初）は以下のとおり。国債発行総額１８１兆５３８８億円、うち、借換債１２２兆１４９５億円、財投債16兆円、一般会計分41兆２５００億円。

また、14年度予算での国債費は以下のとおり。国債費23兆２７０２億円、うち、債務償還費13兆１３８３億円、利払い費等10兆１３１９億円。

（注2）ドーマーの定理

金利と経済成長率が公債残高の対ＧＤＰ比に与える影響はつぎのとおりだ。

$(t-1)$年度末の公債残高を$D(t-1)$、t年度の基礎的財政収支赤字をΔtとし、t年度の公債残高にかかわる金利をi、公債償還額を$qD(t-1)$とすると、t年度の公債費は$iD(t-1)+qD(t-1)$となる。

t年度末の公債残高を$D(t)$とすると、$D(t-1)-qD(t-1)+iD(t-1)+qD(t-1)+\Delta t=D(t-1)+iD(t-1)+\Delta t$。

図表７－６のシミュレーションモデルでは、この式によって公債残高の推移を計算した。

ここで、$\Delta t=0$の場合を考えよう。この場合には、$D(t)=(1+i)D(t-1)$。したがって、$D(t)$

$= (1+i)^t D(0)$。

他方で、t年度のＧＤＰを$Y(t)$、成長率をgとすれば、$Y(t) = (1+g)^t Y(0)$となる。したがって、公債残高の対ＧＤＰ比は、$D(t) / Y(t) = [(1+i) / (1+g)]^t D(0) / Y(0)$となる。

tの増加に伴い、この値は、$i < g$ならゼロに収束、$i = g$なら一定、$i > g$なら発散する。

国債費の膨張が著しい

金利上昇により国債費が増加し、そのため財政赤字が拡大する状況は、「試算」でも示されている（以下では、「中長期の経済財政に関する試算」２０１４年１月の数字を参照する）。

「経済再生ケース」で国の一般会計について見ると、14年度から20年度の期間では、基礎的財政収支対象経費が11・4兆円増加するのに対して、国債費は17・6兆円増加する。20年度から23年度の期間では、基礎的財政収支対象経費は6・2兆円しか増加しないが、国債費はわずか３年間で13・1兆円も増加する。このように、国債費の増加は著しく、他のあらゆる経費の増加を上回る。

この結果、歳出と税収等との差額は、14年度から20年度の間に約10兆円増える。そして20年度から23年度には、さらに約10兆円増える。わずか３年で10兆円も増えてしまうのだ。これを賄うには、国債発行によらざるをえないだろう。

図表7-3　政府試算（経済再生ケース）における名目長期金利と名目GDP成長率の想定

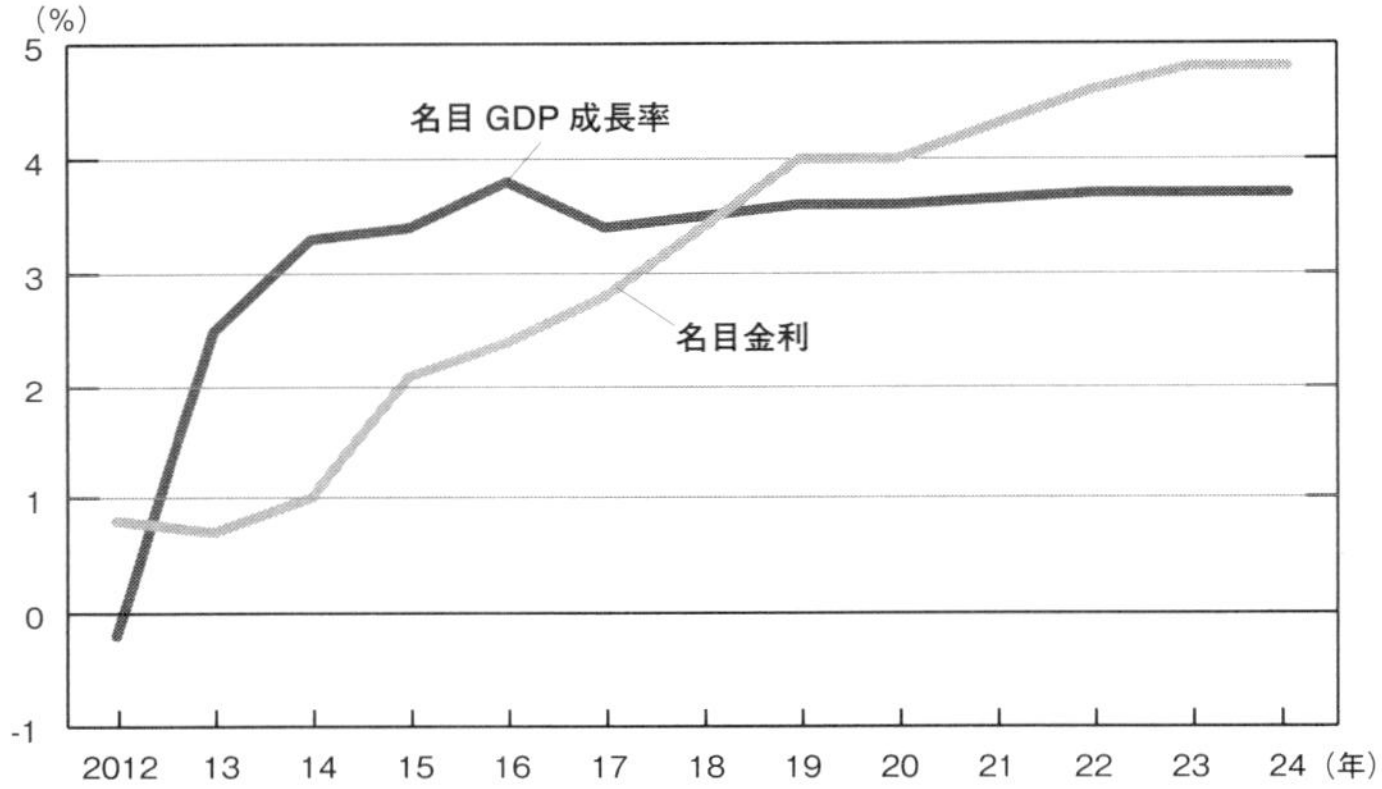

（資料）内閣府「中長期の経済財政に関する試算」

こうした状況に国債市場が対応できるのか、あるいは日銀による国債購入をこの時点になっても続けざるをえないのか、まったく見当がつかない。

国債費が、20年度以後に急激に増加するのは、18年度までは名目長期金利が低く想定されているからである（図表7－3参照）。名目長期金利は、14年には1・0％だが、20年には3・9％に上昇し、さらに4％を超えて上昇するとしている。

最近の数年間では、異次元金融緩和で巨額の国債が購入されているため金利がきわめて低い水準に抑えられている。しかし、これは、第2章の1で述べたように異常な状況である。18年度までの期間において名目金利が名目GDP伸び率より低いのは、図表7－4に示された

図表7-4　名目GDP成長率と10年国債利回り

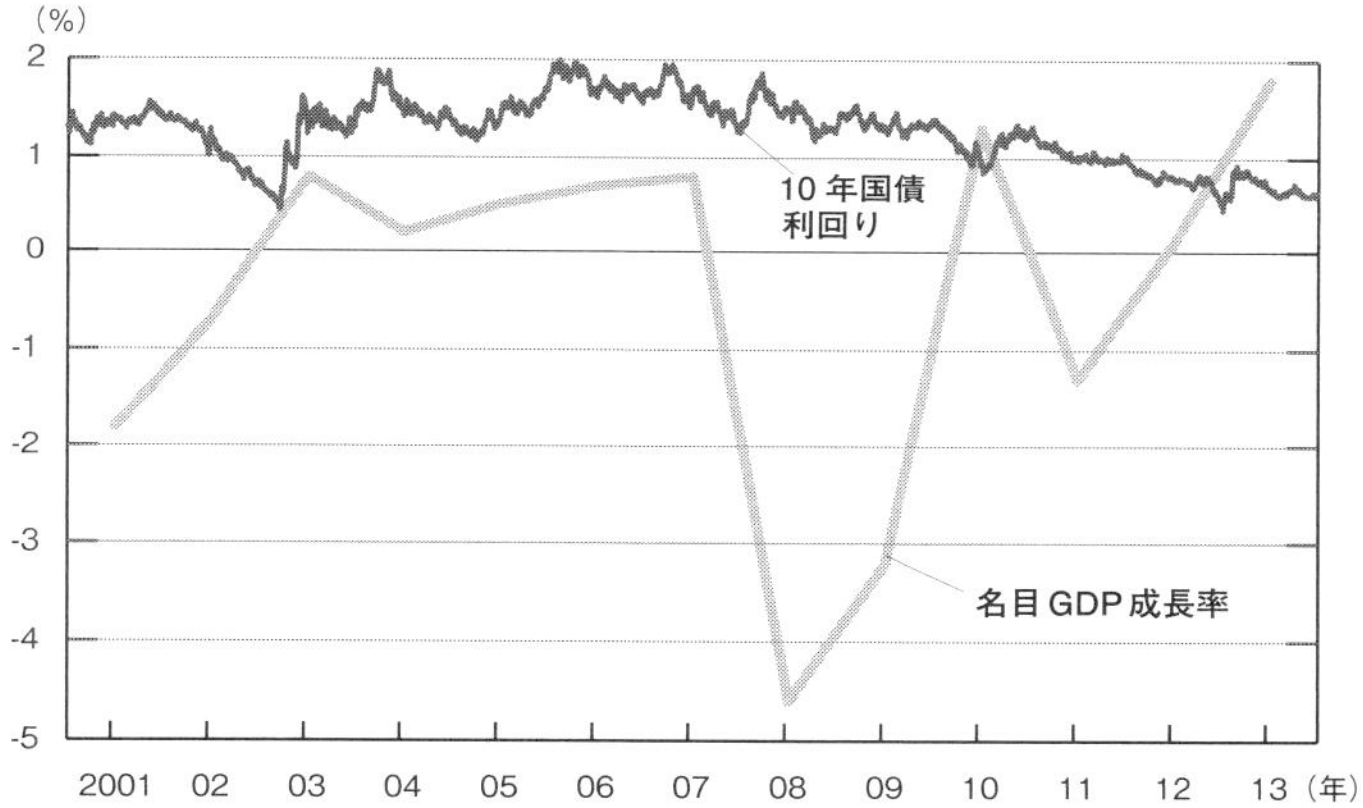

（資料）財務省「国債関係資料」、内閣府「国民経済計算」

過去の趨勢からしても、正当化しがたい。

19年度以降は、マクロ変数を正常な形にせざるをえないために、金利は4％を超えるとされているのだろう。ただし、それが国債費増に影響する期間は、計算の対象となっていない（この点は後で検討する）。

公債残高の対GDP比は、金利と経済成長率の仮定による

「試算」では、国債費が増加するにもかかわらず、公債残高の対GDP比が「経済再生ケース」で徐々に下がるとしている(注3)。

しかし、こうなるのは、金利と経済成長率の仮定による。図表7-4に示したように、過去の実際の値を見ると、名目GDP伸び率は1％以下であり、10年国債利回りは、2005〜08

図表7-5　**公債残高の対GDP比**（仮定による違い）（著者推計）

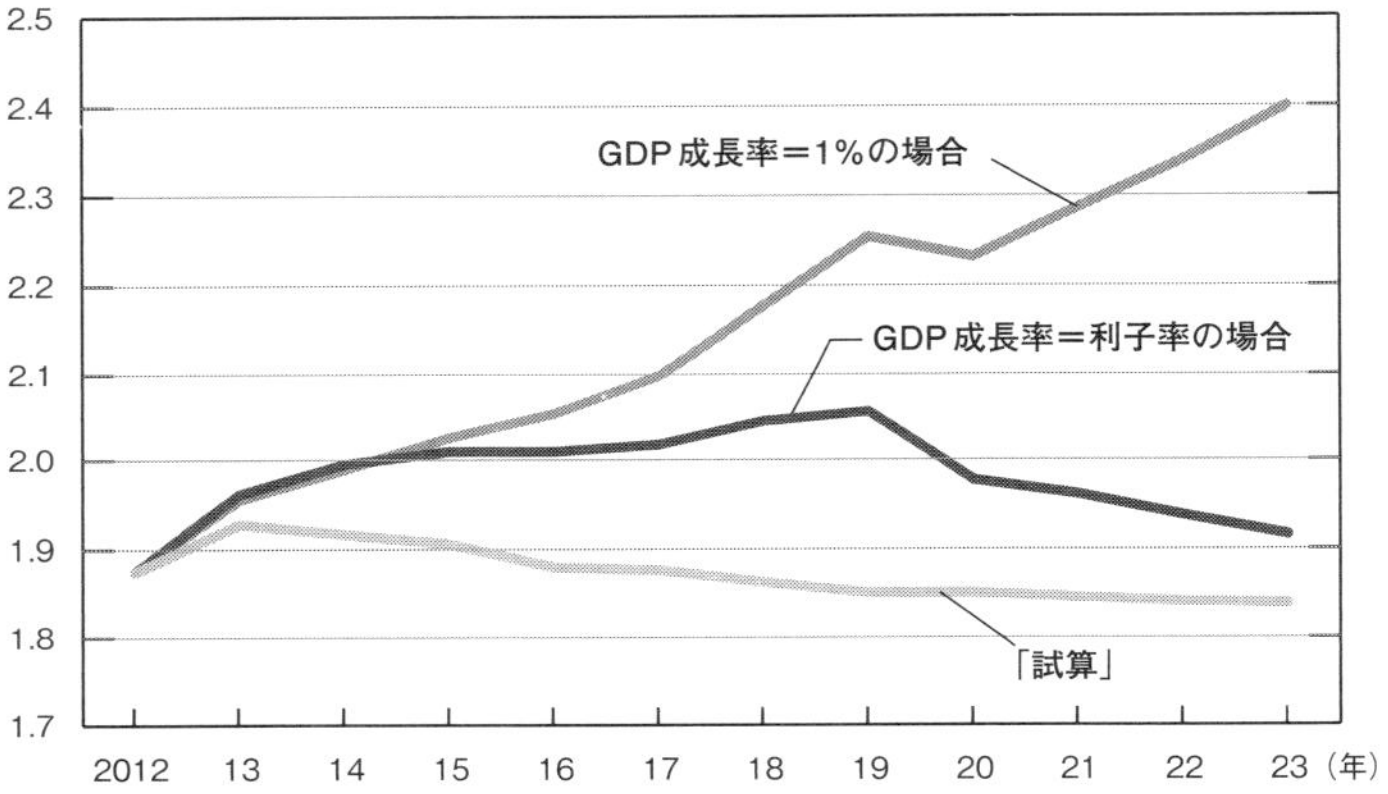

年ごろまで1・5％程度である。これに比べると、18年度ごろまで名目GDP成長率が名目金利より高く想定されているのは不自然であり、そのことが公債残高の対GDP比低下の原因となっている。

そこで、金利と経済成長率の仮定を変えた場合に結果がどうなるかを計算してみよう。ここで対象とするのは、試算における「国・地方の財政」である。また、「試算」のうち、「経済再生ケース」を参照することとする。

図表7－5においては、「試算」の結果のほかに、つぎの場合を示した。

第1は、金利としては「試算」の結果を用い、GDPの成長率は金利に等しいと仮定した場合である。第2は、GDP成長率が1％の場合である。(注4)

結果を見ると、「試算」の場合は、公債残高の対ＧＤＰ比は13年度がピークであり、それ以降23年度まで低下を続ける。23年度の値は12年度より低くなる。

しかし、ＧＤＰ成長率＝利子率と仮定すると、19年度まで比率は上昇を続け、23年度の値は12年度より高くなる。

ＧＤＰ成長率＝１％と仮定した場合には、比率は上昇を続け、23年度には２・40になる。

（注３）債務残高概念について

２０１４年度末において国の普通国債残高は７８０兆円である。これに、借入金、地方債などを加えると９７１兆円になる。このほかに、いくつかの債務残高概念がある（財務省『日本の財政関係資料』の６ページ参照）。

他方、「試算」において14年度の「公債等残高」は９５８・９兆円だ（この数字が14年度末か、14年度平均値か明らかでない）。

（注４）経済成長率の見通しが変われば、税収の見通しも変わり、したがって、基礎的財政収支の見通しも変わる。

しかし、この影響はあまり大きくない。その理由はつぎのとおりだ。ＧＤＰ成長率が２％から３％に変わったとしよう。税収の弾性値を1とすれば、これによる税収の増加率は、1.03÷1.02≒1.01となる。つまり１％増加するにすぎない。ところが、利子率が２％から３％に変わったとすれば、利払い費は4年後にはほぼ1・5倍になる。したがって、金利と経済成長率が等しいとしても、それらが増大すれば金利支払いのほうが税収増加より大きく増加し、財政赤字は拡大する。

こうした事情を考慮し、ここの計算では、GDP成長率が税収伸び率に与える影響を無視した。

本当の問題は2023年度より後で発生する

「試算」は、2023年度までの結果しか示していない。しかし、本当の問題は23年度より後で発生する。なぜなら、名目金利は20年度以降に急上昇するからである。18年度までは名目GDP成長率のほうが名目金利より高いと想定されているが、20年以降はこの関係が逆転し、名目金利のほうが名目GDP成長率より高い値になる。したがって、ドーマーの定理により、公債残高の対GDP比は上昇するはずなのである。

これをシミュレーション分析で確かめた結果が、図表7-6だ。ここでは、14年度以後につき、つぎのように仮定した。

(1) 名目金利は、23年度の4・8%から不変。
(2) 名目GDP成長率は、23年度の3・7%から不変。
(3) 金利の変化が国債利払いに与えるタイムラグを無視し、当該年度の金利に公債残高を乗じた額だけ公債残高が増加するとする。なお、前項の(注3)で述べたように「試算」に

図表7-6　**公債残高の対GDP比**（著者推計）

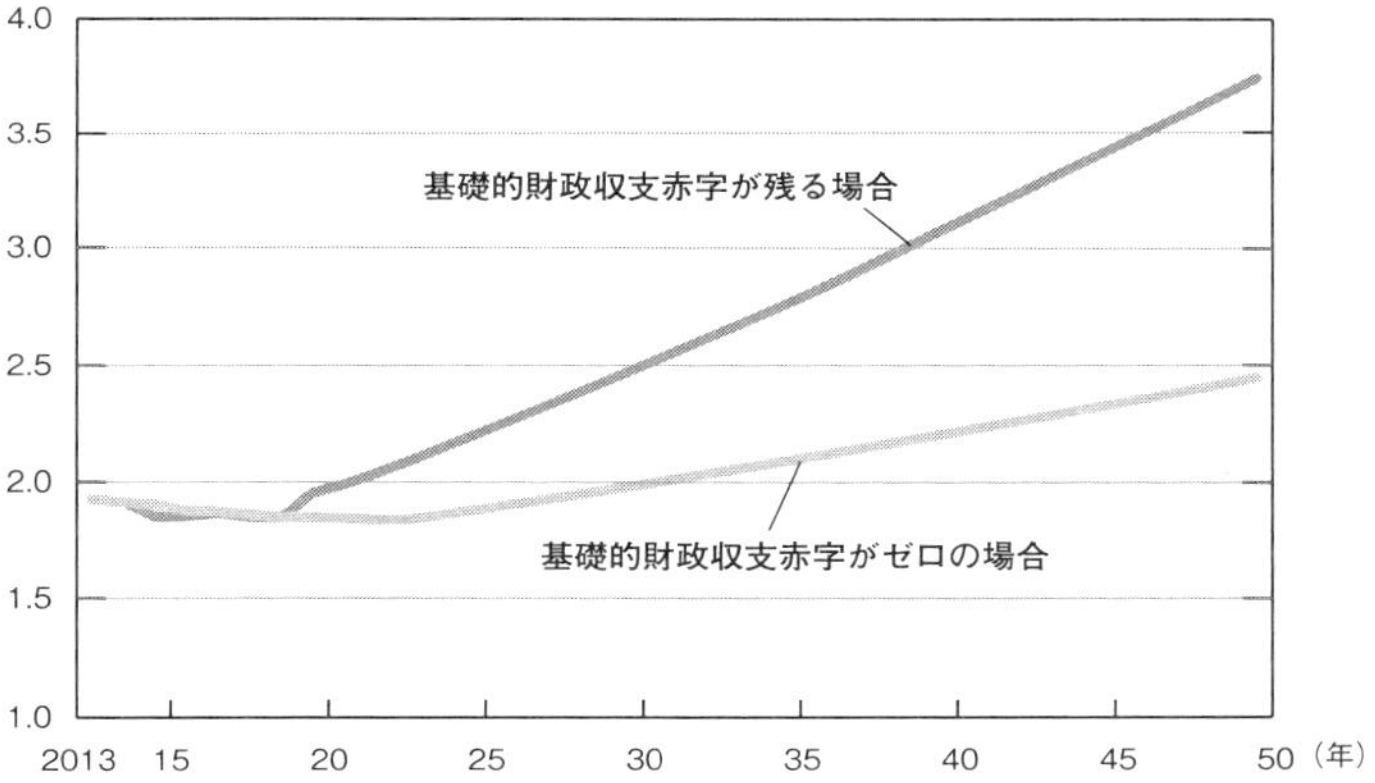

おける「公債等残高」の数字は年度末か年度平均値かが明らかでないが、これを年度平均の数字と解釈し、当該年度の金利に当該年度の公債残高を乗じることとする。

そして、基礎的財政収支については、赤字ゼロの場合と基礎的財政収支の赤字が残る場合を計算した。後者では、14年度の赤字16・3兆円から、ＧＤＰ成長率と同率で赤字が増加するとした。

結果を見ると、赤字ゼロの場合には、公債残高の対ＧＤＰ比は、22年度の1・84までは低下するが、そこがボトムで、以後は継続的に上昇する。そして、50年度には2・45にまで上昇する。毎年度の公債残高の増加額は、14年度には9・6兆円でしかないが、20年度には45・7兆円になり、30年度には84・3兆円に、40年度には

134・8兆円になる。50年度には215・3兆円になる。

基礎的財政収支の赤字が残る場合には、公債残高の対GDP比は、19年度のボトム1・85から急速に上昇し、50年度には3・75になる。毎年度の公債残高の増加額は、20年度には68・3兆円になり、30年度には134・1兆円、そして、40年度には229・9兆円、50年度には389・6兆円になる。

このような巨額の残高増をいかにして吸収しうるのか、まったく想像もつかない。

金利が高騰すれば、さまざまな面で大きな問題が発生する

以上の検討から分かるように、日本財政の将来を握るのは、金利の動向である。金利が高騰すれば、国債の利払い費が急増する。公債残高の対GDP比は、GDP成長率と金利がどのように推移するかによって大きく変わる。

「試算」において2020年度ごろまでに公債残高の対GDP比が低下するのは、それまでの時点で名目金利が低く想定されており、また名目GDP成長率が名目金利より高く想定されているからだ。この想定が満たされなければ、結果は大きく異なる。

現時点では日銀による大量の国債購入によって、金利が不自然なほど低い水準に抑えられている。しかし、こうした状態はいつまでも続けられるものではない。「試算」で想定されている

ように長期金利が4％を超える水準まで上昇すれば、第2章の1で指摘したように、財政収支以外でもさまざまな面で大きな問題が発生する。

3 通貨増発によって国家は衰退する

歴史上の大国はなぜ衰退したか？

国が衰亡するのは、経済的理由による。財政が破綻し、他方で産業が活力を失うことで国は衰亡するのだ。

世界史の教科書は、ローマ帝国は異邦人の侵略によって亡ぼされたと説明している。しかし、グレン・ハバード、ティム・ケイン『なぜ大国は衰退するのか』（日本経済新聞出版社、2014年）は、ローマ帝国衰退の本質的原因は、それよりずっと前から生じていた経済力の低下にあるとする。始まりは、2世紀末のセウェルス帝による銀貨の改悪だ。その後の皇帝たちも、軍事費のために通貨改悪に頼った。これによって引き起こされたインフレは、最終的にはディオクレティアヌス帝による価格統制につながる。これによって市場経済が機能不全に陥ったのである。セウェルス帝もディオクレティアヌス帝も、多くの歴史家が「偉大」と評価する皇帝だ。

しかし、経済的な観点から見れば、彼らこそがローマ帝国を衰退させたのである。

ニーアル・ファーガソンが『マネーの進化史』(早川書房、09年)で言うように、スペインもそうだ。悪名高いコンキスタドール(征服者)たちは、ペルーの高山に世界最大の銀の鉱脈を発見した。そこで採掘された大量の銀がスペインに流入し、見かけ上の繁栄をもたらした。しかし、新しい産業を興すことにはつながらなかったため、結局はインフレが生じた。ローマ帝国の通貨改悪とは一見して逆のメカニズムだが、通貨の増加で経済が衰退した点は同じだ。

もう一つの例は、ルイ15世当時のフランスだ。ジョン・ローが、銀行券を増発することによって国の債務危機を救ったように見せかけた。しかし、実際にはフランス経済を破滅させたのだ。どの場合にも、危機が進行しているとき、人々はそれに気づかなかった。緩やかな変化であり、しかも「一見して繁栄しているが、実は衰退している」というメカニズムを理解できなかったからだ。

トマ・ピケティは、『21世紀の資本』(みすず書房、14年)で、公的債務累増に対する最も望ましい対策は、資本に対する一時的な課税だという。しかし、これは、およそ現実的なものではない(著者も「空想」であると認めている)。現実にはインフレでしかありえず、その結末は右に述べたとおりだ。実際、貨幣劣化によるインフレこそが、国家が衰退し崩壊する基本的なパタンなのである。カーメン・ラインハートとケネス・ロゴフは、『国家は破綻する』(日経B

P社、11年）の中で、産業革命以前にインフレによって国家が債務不履行になった例を23件示している。

日本も同じ道を歩んでいる

日本がいま進んでいるのも、これらの大国が辿ったのと同じ道である。

寛容な社会保障制度の下で未曾有の高齢化が進んでいるため、社会保障費がとめどもなく増加する。支出の約半分が税でなく国債によって賄われる状態が、すでに15年間程度続いている。その結果、国債残高が累増した。一般会計が発行する国債の残高は、税収16年分という巨額のものだ。

国債残高が増えれば、民間が消化しきれなくなり、金利が高騰するはずだ。しかし、現実にはそうしたことは生じていない。それは、第2章の1で述べたように、日本銀行が著しい勢いで国債を買い上げているからだ。その結果、政府が民間セクターに対して保有する負債は、「国債」という形から「日銀当座預金」という形に急速に変わっている。国債を民間セクターが持っていれば、償還期限がくれば政府は財源を調達してそれを償還する必要がある。しかし、日銀当座預金であれば、そうする必要はない。政府は、増税したり歳出削減をしたりする心配から、実は解放されつつあるのだ。これは、ジョン・ローが財政赤字からフランス王室を一時的に救ったのと基本的に同一の手法だ。

この操作は、「財政ファイナンス」と呼ばれる（これは、「国債の貨幣化」とも呼ばれる。ただし、第2章の1で述べたように、現在の日本では、国債は日銀当座預金に変わっただけで、まだ貨幣にはなっていない）。このため、金利が異常に低い水準に抑えられているのだ。

日銀や金融機関の保有国債の推移を見ると、つぎのとおりだ。２００９年12月から14年9月までの期間を見ると、全体としての国債残高は１８０・5兆円増えた（以下で「国債残高」とは、日本銀行の資金循環統計における国債・財融債の残高を指す）。しかし、預金取り扱い機関（ほぼ「銀行」に一致する）が保有する国債残高は、わずか11・1兆円しか増えなかった。これは、日銀の国債保有残高が１２７・5兆円も増加したからだ。つまり、国債残高増加のほとんどは日銀保有国債の増加で吸収されたのだ。

日銀の国債購入は、異次元金融緩和によって、顕著に増加した。13年3月から14年9月までの期間だけで、日銀保有国債残高の増加額は89・6兆円に及ぶ。この間の全体としての国債残高増加は53・1兆円だから、それを約36兆円も上回る購入を行なったわけだ。

他方で、預金取り扱い機関の国債残高は、13年3月をピークとして減少している。13年3月から14年9月までに32・5兆円ほど減少した。全体としての国債残高は増加しているのだから、これは異常な現象である。貸出の需要がない中で、国債は銀行にとって重要な資金運用対象である。それが減少しているのだから、価格は高くなり、利回りが低下するのは当然だ。

ところで、異次元緩和前から国債購入は続いていた。ただし、日銀の購入対象は、残存期間が短い国債に限られていた。このため、銀行は購入した国債をある程度の期間保有してから日銀に売却していた。ところが、量的緩和によって残存期間の長い国債も売却できることとされた。これによって、いわば「右から左に」売却できるようになったのである。つまり、長期の国債であっても、引き受けた後、直ちに日銀に売却できるようになった。これは、日銀引き受けの国債発行を禁止する財政法第5条の脱法行為と考えざるをえない。

ただし、金利がきわめて低い水準に抑えられているため、一見したところ、何も問題は起こっていないように見える。しかし、そうではない。この状態は、いつまでも続けることができない不自然なものなのだ。なぜなら、日銀当座預金は支払い要求があれば支払う必要があるからだ。それに対処するのに、日銀は紙幣を刷るしかない。つまり、国債の貨幣化にはまだ至っていないが、潜在的には貨幣になっているのだ。

いま税収が増えているのは、企業利益が増大しているからだ。しかし、それは、企業が新技術を開発したり、生産性を高めたからではない。円安のため、円表示の輸出額が増加しているからだ。第1章で見たように、ドルベースで見れば、売上が一定で支払い賃金額が減っているからである。つまり、円の価値の下落によって、賃金労働者が貧しくなるからである。その意味で、銀貨の改悪と似たことだ。

財政危機に対処せずに金融的な手段で隠蔽するという意味で、基本的には、ローマ帝国やスペインや革命前フランスが辿ったのと同じ道を日本は辿っている。この道が行き着く先がインフレであることは、歴史が示すところだ。昔と違うのは、外国への資本逃避によって、これが加速される危険があることだ。

本当に必要なのは、社会保障制度の見直しによって歳出の増加をコントロールすること、他方で生産性の高い産業をつくって経済力を高め、それによって税収を上げることだ。日本が抱えている問題を解決する手段は、この2つしかない。

4 法人税を減税しても経済は活性化しない

法人税率引き下げが企業競争力を向上させることはない

法人税の実効税率が、２０１５年度と16年度の2年間で3・29%引き下げられることになっている。15年度において34・62%から32・11%に引き下げ、16年度には31・33%に引き下げる（なお、14年6月の閣議決定で「数年で20%台にする」としている。14年度の実効税率は34・

62%)。

法人税率引き下げが企業の競争力を向上させるという考えは、法人税が企業活動のコストだという誤解に基づいている。しかし、法人税は利益にかかる税なので、企業活動のコストにはならない。したがって、税率を変更しても、企業活動には影響しない。

企業は、市場で決まる製品価格、原材料価格、賃金などを所与として、利益が最大になるように生産計画を立てる。この決定に法人税率は影響しない。売上高から原材料費や賃金などを差し引いて結果的に決まるのが利益だ。これに法人税が課され、税引き後の利益は配当か内部留保になる。したがって、法人税率が引き下げられれば、配当や内部留保は増える。しかし、賃金や投資に影響することはない。

法人税率の引き下げが賃金などを増大させるとの議論は、「税引き後利益を、配当や賃金などに山分けする」との考え、あるいは「法人税が企業にとってのコストになっている」との考えに基づくのであろう。これは、右に述べた企業行動の基本を知らないことから生じる、重大な誤解だ。

仮に税引き後利益の増加に対応して企業が支払賃金を増やすとすれば、利益は減少してしまう。そうした不合理な経営を続ける企業は、いずれ倒産するだろう。

法人税は投資活動には影響するだろうか？　一見すると、法人税率を引き下げれば税引き後の投資収益率が上昇し、したがって投資が増加するように思われる。しかし、借り入れで賄われる投資については、そうしたことはない。なぜなら、支払利子は法人税の計算上損金になるので、法人税率が引き下げられれば、資金コストも上昇するからである。最適投資の条件は、投資収益率が資金コスト率に等しくなることだが、法人税率の変更は両者に同一の影響を与えるので、最適投資は変わらない（なお、投資税額控除は、投資の税引き後収益率だけを高めるので、投資を増大させる）。

法人税率の変更が企業競争力に影響を与えないことは、現実のデータを見ても明らかである。法人税率は１９８０年代には40％を超えていたが、80年代の後半から税率の引き下げが行なわれた。２０１２年には、それまでの30％から25・５％に引き下げられた。しかし、こうした引き下げが日本企業の競争力を高めることはなかった。

なお、日本の法人税等の実効税率は諸外国に比べて高いと言われる。しかし、実効税率は、分母に課税所得をとっている。課税所得には受取配当が含まれないことや、繰り越し欠損金で縮小すること等を考えると、企業の実際の負担率（企業会計上の利益に対する税負担率）よりは高い数字になっている。

このことは、データでも確かめられる。法人企業統計で資本金１億円以上の法人（金融業、保険業を除く全産業）の法人税等（法人税、事業税、住民税の合計）は、13年度において11・

8兆円であり、税引き前純利益41・3兆円の28・5％でしかない。「13年度の実効税率は37％」と言われていたことと比べると、かなり低い。

企業の競争力に影響するのは社会保険料

企業にとってコストとなり、したがって企業競争力に影響する公的負担は、年金保険と健康保険の保険料の事業主負担分である。社会保険料は、ほぼ賃金に比例してかかるので、賃金が高くなったのと同じ効果をもたらす。

しかも、社会保険料雇用主負担の総額は、きわめて大きい。国立社会保障・人口問題研究所の推計によると、2011年度の総額は29・0兆円である。これは、11年度における法人税等（法人税、住民税及び事業税）15・1兆円の倍近くにもなる。

1990年度においては、両者はほぼ同額だった。しかし90年代を通じて、事業主負担が増加する半面で、法人税率の引き下げもあって法人税等は減少したのである。その後2007年度ごろまでは、社会保険料負担が頭打ちになる半面で法人税収が増加したので、両者の差は縮小した。しかし、リーマンショック後に法人税収が激減したため、再び差が開くこととなった。

保険料率が上昇すれば人件費が増加するため、企業は雇用を減らそうとする。これを製品価格に転嫁すれば製品価格が上昇し、日本企業の国際競争力が低下する。したがって、社会保険料の雇用主負担は、日本企業の競争力を大きく阻害していると思われる。そして、生産拠点の海外移転を促進させる原因にもなっている。

また、第４章の１で述べたように、国内雇用で非正規雇用が増える大きな原因も、社会保険料負担だと思われる。現在の制度だと、労働時間が正規職員の４分の３未満であれば、厚生年金と企業健保に加入する義務がないため、非正規雇用にして事業主負担を回避するインセンティブが働くからだ（ただし、16年４月から、強制加入の条件が強化されるので、非正規雇用であっても負担が生じる）。

日本企業の競争力と公的負担の関係を問題とするのであれば、まず対象とすべきは、社会保険料であり、その背後にある社会保障制度だ。この改革をなおざりにして法人税率の引き下げを行なうのは、まったくバランスを欠いた政策である。

ただし、社会保険料の引き下げのためには、第５章や第６章で述べたような改革が必要である。すなわち、年金給付水準や医療給付の引き下げ、または自己負担率の引き上げなどが必要だ。ただし、これはきわめて困難な課題である。現実には、引き下げどころでなく、まったく逆に、人口高齢化によって保険料を引き上げざるをえない事態になる可能性が高い。厚生年金保険料については、17年の18・３％まで引き上げることが決まっているが、それで済む保証はない。本当に必要なのは、法人税の引き下げでなく、社会保障制度の合理化である。

第8章

どうすれば成長を実現できるか?

生産性の高い新しい産業が誕生しなければ、日本は2040年問題を乗り切ることができない。これこそが長期的成長戦略の課題だ。しかし、政府の成長戦略ではそれは実現できない。新しい発想が必要である。

アメリカにおける産業構造の変化は、一つのモデルになる。1990年代以降にアメリカで成長したのは、金融業や対事業所サービスなどの先端的なサービス産業だ。日本もそうした方向を目指すことが考えられる。ただし、それには高度な専門家が必要だ。したがって、一朝一夕に実現できることではない。

1 人と資本の開国に背を向ける再興戦略

雇用制度改革は需要がなければ意味が薄い

政府は2014年6月に、「経済財政運営と改革の基本方針」(骨太の方針)と「日本再興戦略」改訂版(新成長戦略)、そして、規制改革の実行手順を盛り込んだ「規制改革実施計画」を閣議決定した。その中心は、法人税実効税率の引き下げと雇用制度改革である。法人税減税については、第7章で見た。法人税率を引き下げても、内部留保を増やすだけの結果に終わる可能性が高い。

日本再興戦略では、雇用政策についていくつかの提言を行なっている。まず、「行き過ぎた雇用維持型の政策から労働移動支援型の政策へと大胆な転換を行なった」とした。

注目を集めたのは、「ホワイトカラー・エグゼンプション」を念頭に置いた制度の提案で、「時間ではなく成果で評価される働き方を希望する働き手のニーズに応えるため、一定の年収要件（例えば少なくとも年収1000万円以上）を満たし、職務の範囲が明確で高度な職業能力を有する労働者を対象として、新たな労働時間制度を創設する」とした。

女性や外国人の活用も打ち出した。すでに公表されている保育園の増設に加え、「小1の壁」の打破を挙げた。なお、外国人労働者については、技能実習制度の拡充が謳われている。

以上で見た雇用政策は、どう評価されるだろうか？　日本の雇用慣行は、国際比較でも群を抜いて硬直的だ。これをより柔軟なものに変えるという基本方針は評価できる。しかし、問題がある。それは、「引く」力の欠如である。つまり、これらは新しいタイプの労働の供給を増やす政策だが、それに対する需要がないのである。

労働移動支援型の政策に転換しても、問題は移動する先に労働需要があるかどうかである。個別政策についても、同じ問題がある。ホワイトカラー・エグゼンプションは、高度な専門職には適切な制度だろう。問題は、そうした職業が十分あるかどうかだ。結局のところ、雇用改革は新しい産業が生まれなければ意味がない。

女性労働の支援は大変重要だ。しかし、女性労働の環境を改善しても、企業が受け入れるかどうかが問題だ。高齢者についても、同様の問題がある。なお、計画は、役職に就く女性の割合を20年に30％にするとの数値目標を掲げた。しかし、これには賛成できない。女性の活用が企業を強くするから採用するのだ。採用自体が目的化するのは、本末転倒である。

外資系企業の参入規制緩和のほうが効果的

再興戦略は、新たな成長エンジンは農業とヘルスケアサービスだとしている。ヘルスケアが成長しているのは、第4章、第5章で見たように事実である。しかし、成長産業が介護だけしかないことこそが問題なのだ。介護サービスは必要だが、生産性は低い。だから、労働力がここに移れば、経済全体の所得は減る。これこそが、20年近く続いた日本の経済停滞の大きな要因である。

雇用構造がこのように変化したため、非正規雇用が増加し、給与水準が低下し続け、それが消費減退と企業活動の低下を招いた。なお、新しい農業は賛成だが、これで経済全体のパフォーマンスに影響があるような規模になるとは思えない。

だから、生産性の高い新産業がどうしても必要だ。新しい産業は、製造業より生産性が高いものでなければならない。そうした産業のためには、人材が必要である。このことは、再興戦略も強調する。そして、大学教育の改革を提案している。数値目標として、世界のトップ１００校に10校が入ることとしている。しかし、必要なのは、高度専門家の教育体制の方向づけなのである。

日本の高等教育の体制は、20世紀型の産業構造（場合によっては、19世紀型の産業構造）を前提としたものになっており、先進国産業の重要な基礎となっているファイナンス理論やコンピュータサイエンスが著しく遅れている。再興戦略は「世界最高水準のＩＴ社会の実現」としているが、日本の現状は、もはや世界の趨勢に追いつかないほど遅れている。大学の専門分野の構成を大きく変えるのは、重要な課題だが、きわめて困難である。そして、実現に長い時間がかかる。

仮に新しいタイプの高度専門人材が供給されたとしても、国内企業がそうした人材を求めるかどうかが問題だ。例えば、ファイナンス分野の高度専門家を、外資系企業は求めるが、国内の伝統的メガバンクは求めない。その主要業務である間接金融では、あまり専門的な人材は必要とされないからだ。こうしたことを考えると、参入規制を緩めて、外資系企業を増やすほうがずっと効果がある。

しかし、日本はこれまで外資の国内参入に拒否反応を示してきた。外国人労働者について、本当に必要なのは移民の大幅増大であるにもかかわらず、再興戦略は、技能実習制度という腰の引けた対応になっている。こうした鎖国的状態が続くかぎり、閉鎖状態は打破できない。人や資本に関して国を開くことこそ、最も重要な成長戦略である。しかし、再興戦略は、それらを拒否している。

製造業縮小後の地域開発の方向は？

安倍晋三内閣は、「地方創生」を打ち出し、「地方活性化を経済政策の最優先目標にする」とした。これに対する新聞投書欄等での反応には、「私の町にも国がさまざまの施設を造ってほしい」という類いの意見が見られる。「地方振興とは、国が地方に補助金を支出したり、地方で公共事業を行なうことだ」と考えている人がいまだに多い。

しかし、「地方活性化」は、中央政府が行なうことではない。地方が行なうことだ。「地方振興」とは、「国が何かをやってくれるのを待つこと」ではない。地方の人々が工夫し、努力することだ。必要なのは、地域のやる気と、何をやるかというアイデアである。

日本経済を再活性化する原動力も、政府の成長戦略ではなく、地方の創意工夫であるべきだ。

1990年代にアメリカ経済を再活性化したIT革命は、連邦政府があるワシントンからは遠く離れたカリフォルニアで起こった。それは、政府の支援で実現したことではない。ベンチャー企業が、ガレージで新しい事業を立ち上げて実現したのだ。日本でも、江戸時代にコメの先物取引という先端的な金融活動が行なわれたが、これも幕府の指導や援助で生まれたのではなく、幕府の統制に対抗する形で生まれた。だから、本来は地方が国の発展を助けるのであって、国が地方を助けるのではない。

製造業を誘致しても、地域が発展することはできない。なぜなら、日本全体として見た場合、製造業は縮小せざるをえないからだ。製造業の海外移転は、すでに部品製造にまで及んでいる。したがって、今後も製造業に依存し続ければ、その地方はジリ貧にならざるをえない。これを考えれば、製造業依存一辺倒からは脱却し、高度なサービス産業の比率を高めることが必要だ。

では、現在は首都圏に一極集中している高度サービス産業を地方に分散させることは可能だろうか? 70年代までの通信技術では困難だった。なぜなら、通信コストが高かったため、経済中心地から物理的距離が遠い地域では、高度サービス産業の活動を行なうことが難しかったからである。しかし、インターネットによって通信コストが著しく低下したため、高度サービス産業のかなりの部分を、距離に関係なく、行なえるようになった。リゾート地でもできるし、僻地でもできる。

世界的に見れば、そのような変化は、すでに90年代に生じている。ヨーロッパ大陸に対するIT関連サービスをアイルランドから行なうようになり、それまでヨーロッパの最貧国であったアイルランドが高度成長したのである。従来の産業では地理的な条件が不利だった国が、それまでの産業国を追い抜いたのだ。

高度サービス産業のためには、社会的インフラストラクチャが必要だ。問題は、「いかなるインフラか?」である。通常言われるのは、鉄道(とくに新幹線)や道路などの交通インフラだ。しかし、これらが地域振興に寄与するかどうかは疑問である。実際には、いわゆる「ストロー効果」によって、経済活動が大都市に吸い上げられてしまった場合のほうが多い。交通インフラの整備で発展したのは、主として中枢都市(札幌、仙台、広島、福岡)である。

高度サービス産業の場合には、必要とされるのは通信のインフラだ。とくに、インターネットへのアクセスが確保されることだ。いまでは都市部以外も含めて、日本の多くの地点でインターネットアクセスが可能になっている。しかし、山の中のリゾート地などで、いまだにアクセスできないところもある。「リゾート地は仕事をする場所ではないから、必要ない」との考えがあるからだろう。しかし、全国のeコマースのハブをリゾート地に置くことさえ可能なのだ。場合によっては、リゾート地こそが、最良の仕事場になる。時代が大きく変わったことを認識する必要がある。

輸出立国に執着せず所得収支に目を向けよ

東日本大震災以降の発電用燃料の輸入増大が、貿易収支赤字化の大きな原因になっていることは否定できない。このことを理由として、原子力発電の本格的再稼働を進めるべきだという意見がある。確かに、原発依存度を高めれば燃料輸入は減少し、貿易収支赤字はそれだけ縮小するだろう。しかし、第1章の4で指摘したように、それが貿易収支赤字の中で占める比重はそれほど大きくない。

しかも、原子力発電には、これまで重視されてこなかったコストがある。使用済み核燃料の処理費用は、その一つだ。こうした要素を考えると、長期的な観点から見て、原子力発電が本当に経済的に有利なものかどうかは、大いに疑問だと考えざるをえない。

他方で、経常収支の黒字を維持する方法はいくらもある。まず、所得収支における収益を引き上げる努力をすべきだ。これは、いくつかの方法で実現することができる。

例えば、これまでは国内で生産活動をしていた企業が生産拠点を海外に移したとしよう。それまで国内生産で賄われていた国内需要は、輸入に頼ることになる。したがって、貿易収支は赤字化する。しかし、海外生産の利益が配当として国内に還流すれば、所得収支の黒字は拡大する。それによって経常収支の赤字化を抑えることができる。「労働力確保が必要」との観点からすれば、製造業の海外移転は促進すべきだ。

いま一つの方法は、対外資産の運用を効率化して、運用利回りの向上を図ることだ。日本の対外資産は、世界最大であるにもかかわらず、運用利回りは低い。現在の運用利回りを1％ポイント程度引き上げることは、決して不可能ではない。それが可能であれば、所得収支の黒字が拡大し、経常収支の黒字拡大に寄与する。

さらに、仮に経常収支の赤字が継続することになったとしても、それ自体が問題であるわけではない。資本収支の黒字で経常収支の赤字を継続的にファイナンスすることは、不可能ではないからだ。

事実、アメリカの経常収支赤字は、リーマンショック前よりは減少したとはいえ、いまだに巨額だ。しかし、それがアメリカ経済に悪影響を与えているわけではない。長期金利も日本よりは高いものの、南欧諸国などに比べれば低い。それは、アメリカに資金が流入するからである。アメリカ経済が将来も健全であると人々が信じるかぎり、流入は続く。

しかも、信じがたいことに、アメリカの所得収支は黒字である。これと同様のことがイギリスについても言える。

つまり、重要なのは、経常収支が黒字か赤字かではなく、資本収支の黒字を継続できるような信頼を獲得しているか否かである。その信頼を得られるかどうかは、世界経済の構造変化に適応した産業構造を持っているかどうかで決まる。

2 英米と日欧の差は産業構造

アメリカだけが成長

世界経済の停滞を指摘する声が多い。しかし、どの国も一様に落ち込んでいるのではない。アメリカと日本および大陸ヨーロッパの間には、顕著な差がある。アメリカの成長率が高いのに対して、日本と大陸ヨーロッパが伸びないのである。

IMFは、2015年の日本の成長率見通しを14年10月時点の見通し0・8%から引き下げて0・6%とした（なお政府は、15年度の実質経済成長率を1・5%としている）。欧州についての15年の見通しも、1・2%に引き下げた。ところが、アメリカの15年の見通しは3・6%と、10月時点の見通し3・1%から引き上げた。さまざまな指標で見ても、アメリカ経済は堅調だ。

以上は、いま初めて生じたことでなく、リーマンショック以降続いている中期的な傾向である。アメリカの13年の実質GDPがリーマンショック前のピーク（07年）を5・6%ほど上回るのに対して、日本はリーマンショック前のピーク（07年）を0・3%上回っているだけだ。

日本の落ち込みは、消費税増税の影響とされ、回復は時間的な問題だとされることが多い。しかし、根底には構造的な問題がある。第3章の2で示したように、13年度は、公共事業の増加と消費税増税前の駆け込み需要によって、成長率が一時的に上がっただけだ。

ヨーロッパの停滞も、最近生じたことではない。ユーロ圏18カ国合計の13年の実質GDPは、リーマンショック前のピーク（08年）に比べて6・5％低い。アメリカと比べればもちろん、日本と比べても回復が遅い。

為替レートで見てもそうである。円の実質価値が下落しているが、ユーロ圏通貨の価値（ユーロ導入後はユーロの、それ以前は加盟国の平均レート）も、長期的に見ればドルに対して下落している。国際決済銀行（BIS）が計算している実質為替レート指数を用いて14年8月における円、ユーロとドルの関係を見ると、08年8月ごろに比べて、円は6・1％、ユーロは9・4％安くなっている。経済回復の遅れが、長期的な通貨安をもたらしているのだ。

金融危機後の不良債権処理の遅れ

大陸ヨーロッパの伸び悩みは、金融危機後の不良債権のためだと言われることが多い。アメリカが不良債権を早期に処理したのに対し、ヨーロッパでは遅れた。銀行が巨額の不良債権を抱えている状態では、貸し出しを増やすことはできない。だから、金融緩和をしても効果がない。したがって、1990年代の日本と同じように、経済が停滞するというわけだ（なお、中国も不良債権の処理を済ませていない)。

不良債権については、IMFの試算がある。それによると、2013年における銀行総貸し出し中の不良債権の比率は、アメリカ2・64%、イギリス3・66%と低いのに対して、南欧諸国では10%を超える。ユーロ問題は表面上は沈静化しているが、完全に収束してはいないわけである。そして、不良債権比率が高い国で経済成長率が落ち込んでいる。

こうした側面があることは否定できない。しかし、このことだけではアメリカとの差を説明できない。第1に、アイルランドの不良債権比率は24・64%と非常に高いにもかかわらず、回復は早い。同国GDPの13年の値は、08年より4・2%低いものの、ここ数年で大きく改善した。IMFの予測による14年の実質成長率は3・6%だ。今後も2%台後半の成長が続く。第2に、日本の銀行にはアメリカ金融危機で不良債権は発生していない(不良債権比率は2・34%)。それにもかかわらず、回復が遅い。

これらの事実は、アメリカに対するヨーロッパと日本の遅れの原因は、不良債権だけではないことを強く示唆している。

ヨーロッパの産業構造は古い

アメリカと大陸ヨーロッパの違いは、産業構造の差に起因する。それを確かめるため、全就業者に対する製造業就業者の比率を見よう。ややデータが古いが、２００８年において、ドイツ22・0％、イタリア20・5％、フランス14・1％だ。これは、アメリカ10・9％に対して著しく高い。そして、ユーロ圏の中でも、製造業の比率が高い国ほど概して回復が遅い（なお、08年では、日本は18・4％であり、ヨーロッパ諸国とほぼ同じだ）。

リーマンショックで大きな打撃を受けたのは製造業であるため、製造業の比率が高い国は、08年ごろの水準に回復するのが難しいのである。また、製造業は輸出動向で左右され、輸出は他国の状況に左右される。したがって、他国の状況が悪いと、自国の状況も悪くなる。日本は、リーマンショック後、中国への輸出で回復した。しかし、中国とヨーロッパが落ち込んだので日本も落ち込んだ。製造業の比率が高いヨーロッパ諸国でも同じことが言える。

ヨーロッパがデフレに落ち込んでいると言われる。新興国工業化のため、製造業は先進諸国では縮小せざるをえないので、製造業の比率が高ければ、そうなる。ヨーロッパでは、リーマンショック直後にアメリカから流出した資金で住宅バブルが起きた。それによって一時的によくなったように見えたものが、元に戻っただけだ。このように、ヨーロッパの産業構造が古いことが、停滞の基本的原因である。以上の意味で、ヨーロッパ経済の不調は、日本と同じ性格を持っている。

なお、アメリカの場合、製造業そのものの性格が変化していることに注意が必要だ。アップルに見られるように工場を持たずに世界的な水平分業を行なう企業や、ＩＢＭのようにサービス業務に比重を移しつつある企業などが成長している。そのため、アメリカ製造業の資本収益率は高い値を維持している。また、アイルランドも統計上は製造業の比率が高いが、製造業といっても、自動車や鉄鋼のような伝統的製造業ではなく、ＩＴ関連が中心だ。この点でアメリカの製造業と似ている。

長期停滞は、日本とヨーロッパの問題だ。そしてそれは、経済構造の問題だ。金融政策などのマクロ政策では解決ができないことを認識する必要がある。

新しい技術への挑戦が成長を持続させる

アメリカ経済も、もちろん問題を抱えている。第1は、総労働力の減少だ。これは、１９８０年代から90年代にかけて発生した「第2次ベビーブーム」が終了したためである。総人口増加率は、90年代前半に1・3％程度というかなり高い値だったが、その後低下し、２００２年以降は1％を切るようになった。13年には0・7％だった。また、経済成長率も長期的には低下している。１９８３年からの実質ＧＤＰ成長率は、90年、91年にＩＴバブルの崩壊で下がったことを除けば、４％を超える年が多かった。84年には7・3％にもなった。ところが、リーマンショック後は２％程度に低下している。

しかし、アメリカのマクロ的な条件は他国に比べてずっとよい。人口増加率が低下するのは事実だが、プラスだ。IMF（国際通貨基金）によれば、2019年までの総人口増加率は、0・6％台だ。実質GDP成長率はいまより上昇し、15年から3％台の成長になる。

しかも、シリコンバレーを中心にして、新しい技術への挑戦が続いている。自動車の自動運転やバイオテクノロジー、ビットコイン等での新しい技術を期待して、ベンチャー企業に資金が流れ込んでいる。

その反映で、不動産価格も値上がりしている。ケース＝シラー指数で住宅価格の状況を見ると、つぎのとおりだ。ニューヨーク市では、06年6月に215・8のピークに達したが、住宅価格バブル崩壊で下落し、09年4月には170・7になった。その後も緩やかな低下が続き、12年2月に158・9のボトムになった。その後回復したが、あまり劇的なものではなく、現在は170程度で安定的だ。

ところが、サンフランシスコの最近の状況はかなり違う。06年5月に218・4となった後、09年4月の118・5まで低下したのは、ニューヨークと同じだ。しかし、その後上昇し、14年5月には194・7になった。以上は指数だが、絶対水準で見ても、サンフランシスコの住宅価格は、いまやニューヨークより高い。住宅価格におけるこうした動向は、アメリカが西海岸を中心として今後も成長することを示唆している。

自己資本利益率は米では一定、日本で低下

潜在成長率の低下がより深刻な問題であるのは、むしろ日本である。それを見るため、日米の資本収益率を比較することとしよう。なお、資本収益率として、本来はROA（総資本利益率）を用いるべきだが、アメリカについて長期データが得られないので、ここではROE（自己資本利益率）を用いる（ROAとは異なり、ROEは借入比率を高めれば高まる）。

アメリカ商務省のデータによると、1990年代後半に平均して20％を超える水準であったアメリカ製造業のROEは、ITバブル崩壊で一時的に落ち込んだが回復し、2004年以降は20％を超えるまでになった。リーマンショックで再び落ち込んだが、再び回復し、最近では20％程度の水準になっている（1994～2000年平均は22・0％、03～08年平均は18・8％、10～14年平均は19・0％）。このように、長期的低下傾向は見られない。

それに対して、日本の製造業の自己資本経常利益率は、長期にわたって大幅に低下している。法人企業統計の年度データでは、1960年代には20％を超える水準であった。60年代後半から70年代前半にかけては30％を超える場合もあった（66～76年までの平均は25・1％）。しかしその後低下し、80年代の平均は18・9％になった。90年代になってさらに大きく低下し、90年代の平均は9・8％になった。2000年代の平均は9・5％であり、12年は8・7％だ。このよ

うに、利益率低下の問題が深刻なのは、アメリカよりむしろ日本なのだ。

13年以降、利益率は上昇した（総資本経常利益率は、10年1～3月期から12年10～12月期までの平均では3・7％だが、13年1～3月期から14年1～3月期までの平均は5・4％）。しかし、これは、円安で円表示売上高が膨らんだためだ。

こうした状況下で必要とされるのは、経済構造の改革を進め、生産性の高い新しい産業の成長を実現することだ。さらに、労働人口の減少に対処するため、移民を積極的に受け入れるべきだ。経済政策をマクロ経済政策に限定せず、範囲を広げることが必要である。

3 先進国をリードする産業は何か？

イギリス経済成長の原因は製造業の復活ではない

英米経済成長の原因は、製造業の復活ではない。英米では、先端的サービス産業が成長したのである。英米経済は、日本にとってモデルとしての意味がある。そこで、これについて以下に見ることとしよう。

2014年第2四半期のイギリスの実質GDPは、リーマンショック前のピークであった08

年第1四半期の水準を0・2％上回った。アメリカの実質GDPは、早くも11年に、リーマンショック前のピークを上回った。英米経済の復活について、製造業の回帰が原因だとする報道や解説が見られる。しかし、この説明は事実とまったく違う。

まずイギリスについて実質総付加価値の動向を見よう。ピークは07年であった。13年の値をこれと比べると、経済全体では1・8％ほど低い。産業別に見ると、製造業は9・6％低い。つまり、製造業はリーマンショック前のピークを取り戻しておらず、経済全体の中でのシェアは低下しているわけだ。

成長したのはサービス業である。07年のピークから13年にかけて1・5％増加している。ただし、流通、飲食、宿泊などの伝統的なサービス業は減少している。顕著に増加したのは、通信（15・6％増）、IT等の情報サービス（11・1％増）、不動産（9・2％増）、専門的サービス（10・0％増）などだ。

規模で見ても、サービス業は製造業よりはるかに大きい。13年の製造業の付加価値1372億ポンドに対して、サービス業は1兆818億ポンドである。そのうちの「専門的サービス」だけで1781億ポンドであり、製造業より大きい。製造業は、イギリス経済の中での主導的な地位を失ってから久しいし、今後も経済を主導するような地位に復活するとは考えられない。

なお、サービス業の中に含まれる「ファイナンス・保険」の13年の水準は、07年に比べて10・

5％ほど低くなっている。ファイナンスに過度に依存するというリーマンショック前の構造からは変わりつつあるとはいえ、ファイナンスが依然としてイギリスの中心産業であることに変わりはない。

イギリス経済の長期的な動向は、製造業と専門的サービスの実質付加価値の比率を比較すると、よく分かる。製造業を1とした場合、専門的サービスは、１９９０年には０・46でしかなかった。しかし、90年代の末に０・６を超えた後急速かつ傾向的に上昇し、２００７年に1を超えた。その後、リーマンショックによって上昇の度合いが鈍化したが、この数年間で再び急速に上昇し、13年に１・３になったのである。ここ数年のイギリス経済の復活を主導しているのは、この部門である。

法人税率の引き下げで製造業がイギリスに回帰し、その結果経済が成長しているといわれる。しかし、すでに見たように、製造業が成長を牽引しているのではない。こうした報道がなされるのは、日本で製造業を復活させるため、原子力発電所を再稼働して電力コストを下げたり、法人税率を引き下げたりすることを正当化する理由として使いたいからだろう。しかし、実態は右に述べたように、まったく異なるものだ。

アメリカでも高度なサービス業が成長

アメリカの場合、リーマンショック前の実質ＧＤＰのピークは、２００７年第４四半期だった。リーマンショックで落ち込んだが、11年第２四半期には、リーマンショック前のピーク値を超えた。14年第１四半期では、ピーク値より５・５％ほど高くなっている。なお、以下では、産業別の付加価値を見よう。なお、以下で「増加率」とは、08年第３四半期に対する14年第１四半期の比率を指す。

産業別付加価値の数字は名目値なので、これらと比較するために名目ＧＤＰの推移を見ておくと、リーマンショック前のピークは、08年第３四半期だった。リーマンショックで落ち込んだがその後順調に回復し、10年第２四半期にはリーマンショック前のピークを取り戻した。14年第１四半期には、これより14・６％も高くなった。

製造業が伸びているのは事実である。増加率は13・９％だ。しかし、この値は経済全体の増加率より低い。つまり、製造業の比重は下がっているわけだ。しかも、自動車産業などの伝統的な製造業が含まれる「耐久財製造業」の増加率は、10・６％とかなり低い。

他方で、サービス業は高い増加率を示している。「ファイナンス・保険」の増加率は25・０％だ。また、不動産の増加率が16・４％であり、「専門的ビジネスサービス」の増加率が15・２％だ。その中に含まれる「マネジメントサービス」は、24・６％の増加率となっている。14年第１四半期において、「ファイナンス・保険」と「専門的ビジネスサービス」の付加価値の合計は、製造業の付加価値の約1・5倍となっている。なお、この値は、リーマンショック前からほぼ一定で、あまり変わっていない。12年ごろからは、緩やかな上昇を示している。

リーマンショック前からアメリカ経済を牽引しているのは、金融やマネジメントサービスなど高度なサービス業だ。自動車や電機などの古いタイプの製造業が復活しているわけではない。シェールオイル革命で製造業がアメリカに回帰しているという見方がある。しかし、成長しているのは、エネルギーコストが問題になるような産業ではない。

成長分野の雇用吸収力が高くない

アメリカの名目国民所得は、2008年から13年までに17・8％増加した。各産業の寄与率（各産業の成長率に13年のシェアを乗じたもの）を計算すると、金融、保険、不動産が最大で6・1％だ。これに、専門的サービスの2・2％と教育、医療の2・0％を加えると10・3％となり、全体の増加率17・8％の6割近くを説明する。他方で、製造業の寄与率は1・5％にすぎない。つまり、アメリカの経済成長は、製造業によってではなく、生産性の高いサービス産業によってもたらされたのである。

ところで、右の「生産性の高いサービス産業」といった産業は、雇用吸収力が高い部門ではない。08年から13年までの雇用増加率を見ると、つぎのとおりだ。まず、経済全体では0・4％

の減だ。つまり、雇用総数はほとんど不変である。ところが、国民所得での寄与率が最も高い産業である金融・保険は、雇用で見ると2・1％の減だ。不動産は6・2％の減である。つまり、これらの産業は、GDPの成長には寄与するが、雇用増には寄与しないわけだ（ただし、GDPの成長にも雇用増にも寄与する産業もある。専門的サービスの雇用は3・3％増、経営は9・8％増、管理は3・2％増だ）。

アメリカの問題は、生産性が高くGDPの成長を牽引する部門の雇用吸収力が必ずしも高くないために、雇用がはかばかしく改善しないということだ。だいぶ前から、「ジョブレス・リカバリー」と言われてきたが、以上で述べたことがそれを表している。

つまり、産業力が弱いわけでなく、所得分配が問題なのである。これは確かに重要な問題だが、それに対処する手段は、税制や社会保障政策である。金融政策でないことは明らかだ。この点からいっても、アメリカにおける金融緩和政策の終了は当然である。

日本で必要なのも高度なサービス業

日本の実質GDPを季節調整値で見ると、リーマンショック前のピークは2008年1～3月期で、年率530兆円であった。これを超えたのは14年1～3月期であり、1・1％ほど高くなった。このように、実質GDPがリーマンショックの前を超えたのは、イギリスと同じだ。

ただし、これは消費税増税前の駆け込み需要によるものであり、その後ＧＤＰは落ち込んだ。

いま一つの違いは、ＧＤＰの構造である。それを見るために産業別付加価値を見よう（このデータは暦年で12年までしかない）。

暦年で見ると、実質ＧＤＰのピークは07年であった。これを1とした指数で見ると、12年の数字は、経済全体では０・９６８である。産業別に見ると、製造業は０・９６２である。したがって、全体の中のウエイトはほぼ不変だ。金融保険業は０・８２６であり、ウエイトは低下している。日本のＧＤＰ統計には「専門的サービス」という分類項目がないのだが、製造業と比較しうるほどには成長していないのは明らかだ。つまり、日本には、英米の場合の高度なサービス業に相当するものがないのである。また、製造業でも、アメリカのコンピュータ産業に相当するものがない。

この結果は、１人当たりＧＤＰに表れている。日本は世界の中で急速に貧しくなっているのだが、それはイギリスとの比較でも言える。01年においては、日本の１人当たりＧＤＰは、イギリスのそれより3割程度高かった。しかし、その差は急速に縮まり、04年にイギリスの値のほうが高くなった。07年には、日本はイギリスの72・6％まで低下した。しかし、リーマンショックで逆転し、日本のほうが高くなった。ところが13年から再びイギリスが高くなり、14年におけるＩＭＦの予測値では、日本はイギリスの87％である。ＩＭＦの予測では、この傾向は将来も続き、19年には日本はイギリスの81・3％にまで低下する。

　イギリスやアメリカが高度なサービス業を中心に成長している中で、日本は立ち遅れている。政府の成長戦略に見られる製造業復活路線を捨て、サービス業の生産性を高めることが急務である。

　日本の場合には、製造業が製造部門を切り離して新興国企業に委託し、自らは開発・設計などに特化していくことが考えられる。世界的な水平分業の中で、「製造業のサービス産業化」を目指すのである。

日本では高度サービス産業が発達していない

　産業別就業構造の面で日米を比較すると、製造業の就業者が２００８年から13年にかけて約１割減った点では、両国とも同じである（アメリカは10・４％減、日本は９・７％減）。製造業の縮小傾向は、先進国に共通する現象なのである。違いはつぎの点だ。

　まず、就業者全体に対する製造業就業者の比率が、アメリカでは低い（13年で８・５％）が、日本ではまだ高い（16・５％）。その半面で、生産性の高いサービス産業の就業者が、アメリカでは成長しているが、日本では成長していない。アメリカの高度サービス産業の成長は、長期的に続いている。１９９８年と２０１３年を比べると、製造業の就業者は31・７％減少したのに対して、高度サービス産業（専門的・科学的・技術的サービス、経営、管理）の就業者は5・9％増加した。その結果、就業者におけるシェアは高くなっている。専門的サービスが5・8％、経営が1・5％。管理が5・9％だ。これらに金融・保険の4・2％を加えると、合計は17・3％で、製造業8・5％の2倍を超える。つまり、脱工業化が進んでいるのだ。

他方、日本でGDP統計の「経済活動別国内総生産（名目）」によって12年を08年と比べると、つぎの諸点が指摘される。第1に、アメリカでは高い成長を示す金融・保険業の寄与率が、日本ではマイナス14・0％だ。これは、アメリカのそれが直接金融を中心とした先端的なものであるのに対して、日本のそれは従来型の間接金融であるためだろう。

第2に、これらの産業の就業者のシェアが日本では小さい。労働力調査の産業別就業者で見ると、13年において、金融・保険業が2・6％、学術研究・専門・技術サービス業が3・3％だ。これらの和は、製造業16・5％の3分の1程度でしかない。もちろん、産業分類は日米で同一ではないので、厳密な比較はできない。しかし、アメリカで高度なサービスが成長し、日本で育っていないことは間違いない。

第3の最も重要な違いは、アメリカと違って、日本では高度サービスが統計で別掲されていないことだ。これは、こうしたサービス供給が産業として存在していないことの反映だ。

アメリカの統計で「経営」や「管理」といった項目が別掲されているのは、こうしたサービスが、個別企業の枠内に閉じ込められたものではなく、市場を通じて供給されるものになっているることの反映だ。そして、それらのサービスがアメリカ経済の成長を牽引している。つまり、製造業とかサービス産業とかいう従来の産業分類が、急速に時代遅れのものになりつつあるのだ。従来の概念では把握できない経済活動の重要性が増しているのである。日本の労働力調査では、こうした職業は個別産業から分離されていない。これらは企業の枠内に限定されたサービスであり、市場によって供給されるサービスではないからだ。

日本が抱えているのは、産業構造の問題だ。それは、「従来の産業分類で把握できない経済活動が成長していない」という問題である。

最後に、新しい産業は市場における競争を通じて誕生することに注意したい。さまざまな試みがなされ、生き残ったものが日本経済の主力産業になる。したがって、産業構造再編の過程に政府が関与すべきではない。政府がなすべきは、規制緩和などを通じて、市場の競争メカニズムを発揮させることだ。

補論　ＧＤＰの動向は、デフレ脱却目標の誤りを明確に示す

本書の第２章において、デフレ脱却を経済政策の目標とするのは誤りであると述べた。２０１５年10～12月期のＧＤＰ速報値は、この命題の正しさを裏付けている。

13年１～３月期以降の実質ＧＤＰ（国内総生産）（季節調整系列）の推移は、図表Ａ－１に示すとおりである。14年１～３月期に消費税増税前の駆け込み需要で一時的に増加したことを除けば、14年７～９月期にピークになった以後は、減少を続けてきた。それが、15年10～12月期には増加に転じたのである。

ＧＤＰの６割程度を占める消費支出もＧＤＰと同じ動きをしている。だから、ＧＤＰの動きは、基本的には消費支出の動向によってもたらされたものだ。そして、それは、消費者物価の動向に影響された。第１に、消費者物価上昇率が13年２月以降プラスになったことが、時間遅れを伴って、13年７～９月期以降の消費支出を減らした。第２に、14年８月までは円安が進行せず、秋からは原油価格が下落したため、14年11月以降は消費者物価が前月比で下落に転じた。このため、14年10～12月期の消費支出が回復し、ＧＤＰを押し上げたのである。

これは、つぎの２つの重要な政策的含意を持つ。第１に、物価上昇がＧＤＰを押し下げ、物

価下落がGDPを押し上げている。つまり、デフレ脱却によって経済成長率が低下しているのである。したがって、デフレ脱却目標は誤りである。

第2に、14年10～12月期に実質消費が回復したことは、消費税増税の支出削減効果がそれほど大きくないことを意味する。これは、第3章で述べたことを裏付けるものだ。したがって、景気後退を恐れて消費税増税を延期したのは誤りだ。

なお、14年10～12月期のGDPの水準は、1年前より低い。これは駆け込み需要の調整のためだ。消費支出だけを見ても、1年前より低い。これは家電製品などの耐久消費財で輸入が増えたため、円安によって価格が上昇したからであろう。

図表A-1　GDPと消費者物価指数の推移

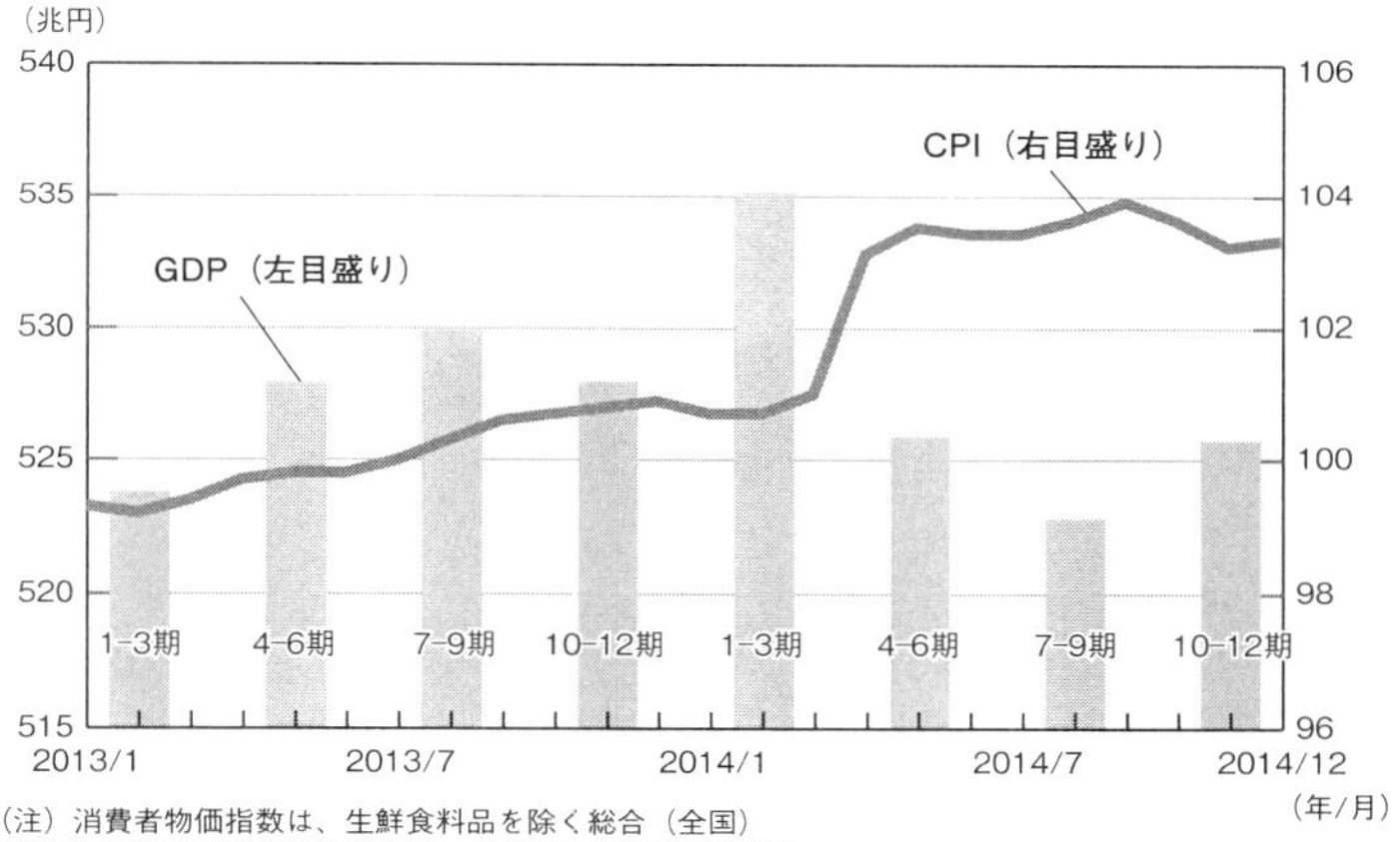

（注）消費者物価指数は、生鮮食料品を除く総合（全国）
（資料）総務省「消費者物価指数」、内閣府「国民経済計算」

第5章　医療と介護の問題はどうすれば解決できるか

第6章　公的年金の問題はどうすれば解決できるか

第7章　財政の将来はきわめて深刻

補論　ＧＤＰの動向は、デフレ脱却目標の誤りを明確に示す

図表目次

第1章　円安で得した人と損した人

第2章　日米逆の金融政策の帰結

第3章　実体経済はなぜ落ち込む？

第4章　労働力不足経済に突入する

【マ】

【ヤ】

【ラ】

【タ】

【ナ】

【ハ】

【サ】

索引

[著者]
野口悠紀雄（のぐち・ゆきお）

1940年東京生まれ。63年東京大学工学部卒業、64年大蔵省入省、72年エール大学Ph.D.（経済学博士号）。一橋大学教授、東京大学教授、スタンフォード大学客員教授、早稲田大学大学院ファイナンス研究科教授などを経て、2011年4月より早稲田大学ファイナンス総合研究所顧問、一橋大学名誉教授。専攻はファイナンス理論、日本経済論。

〈主要著書〉

『情報の経済理論』（東洋経済新報社、1974年、日経経済図書文化賞）、『財政危機の構造』（東洋経済新報社、1980年、サントリー学芸賞）、『バブルの経済学』（日本経済新聞社、1992年、吉野作造賞）、『日本式モノづくりの敗戦』（東洋経済新報社、2012年）、『虚構のアベノミクス』（ダイヤモンド社、2013年）、『変わった世界変わらない日本』（講談社現代新書、2014年）、『期待バブル崩壊』、『仮想通貨革命』(ダイヤモンド社、2014年）、『金融危機の死』（日本経済新聞出版社、2014年）他多数。

◆ホームページ：http://www.noguchi.co.jp/

1500万人の働き手が消える
2040年問題
――労働力減少と財政破綻で日本は崩壊する

2015年3月5日　第1刷発行

著者――――野口悠紀雄
発行所―――ダイヤモンド社
〒150-8409　東京都渋谷区神宮前6-12-17
http://www.diamond.co.jp/
電話／03･5778･7234（編集）03･5778･7240（販売）
装丁――――斉藤よしのぶ
DTP――――荒川典久
製作進行――ダイヤモンド・グラフィック社
印刷――――勇進印刷（本文）・加藤文明社（カバー）
製本――――ブックアート
編集担当――田口昌輝

ISBN978-4-478-06519-8